**홀로 성장하는
시대는 끝났다**

홀로 성장하는 시대는 끝났다

이소영 지음

세계 최고 기업들이 주목하는 커뮤니티 리더십이 온다

**침체된 마이크로소프트를 시총 1위로 만들고
평범한 사람도 글로벌 인재로 만드는 힘**

마이크로소프트 이소영 이사가 2000여 명의
소프트웨어 전문가를 통해 본 AI 시대를 살아내는 필수 조건

더메이커

이 책을 먼저 읽은 사람들의 리뷰

김도균(독립IT엔지니어, 40권의 도서를 번역·저술한 작가)

자기계발서로서 보기 드문 역작이다. 수많은 사람들과 함께해 온 저자의 오랜 경험이 고스란히 담겨 있다. 기술의 발전과 그에 따른 사회 여러 부문의 급격한 변화, 특히 인재상의 변화가 국내외의 다양한 사례를 통해서 설득력 있게 그려져 있다. 오랫동안 IT 업계에 종사하면서 전 세계 수천 명의 인재들과 교류해온 저자가 아니면 할 수 없는 일이다.

김호광(게임허브 대표, 아시아를 블록체인으로 누비는 프로그래머)

오늘날은 모든 정보가 공개되고, 모든 사람이 연결된 초연결 시대다. 이런 시대에 우리가 믿어야 할 것은 학력이 아니라 소통과 개방의 리더십, 커뮤니티를 통한 나눔의 힘이다. 이 책은 우리에게 학벌보다는 소통과 공감이 얼마나 중요한 시대의 흐름인지를 알려준다.

유정협(마이크로소프트, 문과 출신으로 전 세계를 누비는 프로그래머)

나는 이 책에서 강조하는 '커뮤니티 리더십'의 수혜자다. 나는 비전공자로서 테크놀로지의 모든 것을 커뮤니티에서 배웠고, 지금은 내가 받은 것을 커뮤니티를 통해 돌려주고 있다. 이제는 융합학문이 대세다. 따라서 혼자서 잘한다고 해서 성공할 수 없다. 커뮤니티를 조직하고, 그 안에서 배우고, 함께 성장해야 사회에서도 성공할 수 있다.

한상훈(Nexon, 순정과 개그 빼면 시체인 열혈 프로그래머)

이 책의 주 독자는 비교적 젊은 층일 것이다. 이들이 경험하지 못했을 이야기와 경험이 깨알같이 담겨 있다. 마이크로소프트, 아마존, 샤오미 등의 기업들이 커뮤니티 리더에 주목하는 이유, 다양한 커뮤니티 리더들의 이야기, 또 커뮤니티 리더로서 살아온 저자 자신의 진솔한 이야기까지. 이 책이 학업과 사회 진출에서 많은 어려움을 겪고 있을 이들에게 전달하는 메시지는 매우 클 것이다.

김훈동(SK텔레콤, AI DevOps팀 리더, 빅데이터 & AI 커뮤니티 리더)

고 스팩의 팀원 구성이, 팀워크 및 팀효율로 연결되지는 않았던 경험을 여러 번 한 바 있다. 스팩이 나를 설명하는 첫 번째 것일 수는 있으나, 나를 잘 설명해 주지는 못한다. 반면에 커뮤니티에서의 인정과 리더십은 내가 가진 잠재력과 가치를 훨씬 잘 드러내 준다. 보다 길게 팀 및 회사에서, 더 나아가 사회에서 인정받는 나만의 가치를 원한다면, 이 책에서 그 길을 찾을 수 있을 것이다.

조주한(현직교사, 교육과 소프트웨어의 접목을 고민하는 블로거)

현직 교사로서 아이들에게 해주고 싶은 말을 이 책에서 찾을 수 있었다. 우리 아이들이 새로운 형태의 품앗이로 볼 수 있는 커뮤니티에 참여하고, 그곳을 이끌어가는 사람이 됐으면 좋겠다. 4차 산업혁명 시대의 기술이 나와 별로 상관이 없다고 생각하는 학생, 학부모에게 공부하는 이유와 방법에 관해 다시 한 번 생각해보도록 추천하고 싶다.

배준오(스몰투빅 대표, 인생 세 번째 길을 걷고 있는 창직/교육 컨설턴트)

'함께 모여 공부하고 나누는 커뮤니티 리더십'을 소개하는 책이다. 모든 것이 빠르게 변하는 이 시대에 커뮤니티 리더십이 왜 핵심 능력인지 잘 보여주고 있다. 다양한 사람들의 살아 있는 예와 인터뷰가 실려 있어 생동감이 있고, 그래서 직설적으로 다가온다.

고현정(오피스클라우드 이사, 주5일은 컨설턴트, 주2일은 다취미증후군 환자)

내가 이 책에서 크게 공감한 것은 다른 사람을 가르칠 때 가장 많이 배우고 성장한다는 것이었다. 이를 실천하는 가장 좋은 방법은 커뮤니티 공부라는 것을 이 책은 알려주고 있다. 진로 선택에 어려움을 겪고 있는 고등학생, 사회 진출에 대한 계획 없이 무작정 스펙 쌓기에 바쁜 대학생, '회사는 학교가 아니야'를 절감하는 사회초년생에게 유용한 책이라고 생각한다.

이희진(엠클라우드튜터 대표, 두 아이와 함께 성장하는 커뮤니티 리더)

이 책에는 많은 사람들의 현실적인 고민과 그 고민을 풀어가는 과정이 구체적으로 그려져 있다. 그들은 홀로 문제를 풀려고 했던 사람들이 아니라, 고민을 공유하고 함께 해결책을 모색했던 사람들이다. 이들의 이야기를 따라가는 것은 독자들에게 소중한 경험이 될 것이다. 학생, 취업준비생, 사회초년생들은 꼭 읽어봐야 할 책이다.

주민규(리커시브소프트 대표, 35살에 프로그래머가 된 부산 사나이)

에너지가 넘치는 책이다. 읽는 재미 또한 각별하다. 저자의 다양한 경험이 고스란히 담겨 있는 멋진 책이다. 자신과 자녀 세대의 미래를 생각해 보게 하는 진지한 책이기도 하다. 많은 사람들에게 긍정적 영향을 팍팍 끼치는 책이 될 것이다.

송윤희(고3 딸을 둔 새로운 도전을 즐기는 IT 강사 & 컨설턴트)

책을 덮는 순간 '선한 목표로 함께 성장한다'라는 메시지가 강렬히 다가왔다. 성공하려면 능력도 중요하지만, 선한 의도와 바른 인성이 바탕이 되어야 한다는 게 평소 내 생각이다. 내 생각과 딱 들어맞는 책이라 공감되는 부분이 많았다.

채은경(유클리드소프트 대표, 과학 꿈나무와 은퇴과학자를 연결하는 커뮤니티 리더)

내가 청년여성을 대상으로 준비하고 있던 강의 주제와 똑같아서 읽는 내내 무릎을 쳤다. 요즘 시대에 필요한 부분을 정말 콕 집어 알려주는 책이다. 연결지능과 협업지능이 중요한 시대라는 것을 말로가 아닌 구체적인 사례를 통해서 보여주니 설득력이 있고 강력하다. 저자의 오랜 수고와 저자의 메시지가 나를 압도했다. 정말 홀로 성장하는 시대는 끝났다.

이경용(앱개발 전문 기업 앱툴즈 대표, 전국을 누비는 창업기업·학생들을 위한 멘토)
새로운 기술이 등장할 때마다 관련 커뮤니티도 함께 등장했으며 커뮤니티를 통해서 사람들은 정보를 공유하고 기술의 가치를 더욱더 성장시켜왔다. 이 책은 이러한 커뮤니티를 리드하고 있는 사람들의 이야기를 담고 있으며, 현 시대에 커뮤니티가 갖는 의미와 커뮤니티에서 함께 성장하는 방법을 찾아볼 수 있을 것이다.

김경환(AI 시대를 준비하는 회계사이자 세무사)
쉼 없이 읽었다. 중간에 잠시 머뭇거리기는 했다, 한 번에 다 읽어버리는 것이 아쉬워서. 모임을 만들고 커뮤니티 리더가 되는 걸 두려워하고 미뤄왔는데, 지금 나에게 가장 중요한 일이라는 생각이 들었다. 책을 읽는 중에 함께할 지인을 찾아서 연락하고, 단숨에 미팅 약속까지 잡았다. 이 책은 이렇게 움직이게 하는 책이다.

감사한 사람들

이 자리를 빌려 이 책이 나오기까지 도움 주신 많은 분을 기억하고, 감사하고자 한다. 이미 책에서 언급했거나, 사례로 소개한 분 이외에 직·간접적으로 도움을 주신 분들이다.

책이 나오도록 용기와 격려를 아끼지 않고 지원자가 되어 주신 분들
권태임, 이길춘, 김귀련, 김윤태, 김건우, 김가인, 이치원과 가족, 수현이네 가족, 하진&하연이네 가족, 태민이네 가족, 김홍태&이미용과 가족, 한소망 식구들, 오정원, 이지은, 김형석 전 연세대 철학과 교수와 그의 책,《백년을 살아보니》

소중한 피드백으로 더 나은 방향으로 이끌어 주신 분들
김도균, 주민규, 하현주, 이희진, 유정협, 고현정, 배준오, 채은경, 이경용, 송윤희, 한상훈, 김호광, 이진아, 전미정, 조주한, 이지훈, 최영락, 김경환, 이상민, 신정아, 김훈동, 박은정, 김무현, 민경진

소개하지는 못했으나 소중한 커뮤니티 리더십 사례를 나누어 주신 분들
최윤석, 이선경, 김태영, 백승주, 금재용, 유승호, 김영재, 김세준, 박성기, 남정현, 김정선, 김유정, 고성만, 채은경, 권찬, 이상민, 류동

철, 송원석, 이진석, 강창훈, 최주열, 김종오, 구예진, 신상재, 이지선, 김봉정, 김지훈, 신수원, 이종인, 전경수, 정주영, 신헌수, 배준현, Randy Walker, Mayumi Suzuki, Ken Azuma, Chris J.T. Auld, Michael John Pena, Patrick Malone, Lana Montgomery, Lenn Pryor, Arthur Yasinski

설문에 참여하여 소중한 의견을 남겨주신 분들

김성현, 유성, 허윤성, 이수민, 윤원태, 성은산, 오세영, 김원영, 이현정, 정문주, 황인택, 조현정, 홍혜림, 정지인, 김성수, 서병구

원고를 멋지게 다듬어 주신 분

이형철 편집자

타이틀 제공

하현주

우리 시대의 새로운 인재는 누구인가

좋은 대학을 졸업하면 좋은 직장에 들어가 동문, 선후배와의 네트워크로 평생을 편히 살 수 있었던 시절이 끝났다는 것은 누구나 알고 있다. 그리고 이제는 기업과 산업 현장에서도 명문대를 졸업했다고 무작정 신입사원으로 뽑지 않는다. 사실 기업은, 명문대 출신이건 아니건 백지 상태나 다름없는 신입사원을 별로 선호하지 않는다. 게다가 비즈니스 상황이 너무 빨리 변하다 보니 이들을 교육해 업무에 투입할 만한 시간적 여유도 없다.

상황이 이런데도 여전히 수많은 학생과 학부모들은 명문대 입학을 위해 안간힘을 다하고 있으며, 그들의 노력은 갈수록 방향을 잃고 헤매고 있는 중이다. 어렵사리 원하는 대학에 들어가서 4년을 온 힘을 다해 각종 스펙 쌓기에 힘을 쏟아보지만, 취업의 문을 통과

하는 게 녹록지 않다. 무엇이 문제인가? 무엇이 잘못된 것일까?

이 책은 '포스트 학벌시대'의 인재의 본질에 관해 이야기하고 있다. 뜬구름 잡는 식의 이야기가 아니라, 내가 국내외에서 직접 만나 인터뷰하거나 조사한 2,000여 명의 소프트웨어 전문가의 생생한 예를 통해서 말이다.

나는 IMF 시절 대학을 졸업하고 취직할 곳이 마땅치 않아 대학생들이 만든 인터넷 벤처 회사에서 월 50만 원을 받으며 처음 IT 업계에 발을 들였다. 그리고 몇몇 기업을 거쳐 마이크로소프트에 정착한 후, 15년의 세월을 보냈다. 현재는 아시아 전 지역을 커버하는 리전 매니저로 기술 커뮤니티 리더들을 관리하는 팀에서 일하고 있다.

내가 커뮤니티 리더를 관리하는 일을 하며 직간접적으로 만난 2,000여 명의 소프트웨어 전문가들은 국적도 다양했다. 한국을 거쳐 호주, 뉴질랜드 그리고 아시아 전 지역의 전문가들을 만났으니 20개국이 훌쩍 넘는다. 이들은 주로 소프트웨어 개발을 하거나 IT 엔지니어링 혹은 스마트 오피스 관련 분야에서 일하며 95%가 남성이다. 남성보다 상대적으로 낮은 비율이지만, 당당하게 활동하는 여성도 많이 만났다.

그런데 나는 그들의 학력이나 학벌을 전혀 모른다. 왜냐하면 그들이 수년간 꾸준히 해 온 커뮤니티 활동과 그 활동을 통해 알 수 있는 그들의 전문 능력과 영향력만 철저히 검증하기 때문이다.

그러니까 어느 학교를 졸업했는지보다, 어떤 공부를 어떻게 해왔는지, 그것도 공동체에 어떤 영향력을 미치며 해왔는지를 눈여겨본다.

실력과 인성을 중요시하는 소프트웨어 업계에서는 나이, 인종, 학력, 성별의 구분 없이 자신의 노력과 실력만으로 승부를 겨루는 문화가 있다. 물론 저절로 만들어진 것은 아니다. 그러한 문화를 지향하는 전 세계의 소프트웨어 전문가들이 커뮤니티를 만들어 오픈소스를 만들고 거대한 기업에 저항하고 협력하며 만들어진 문화이다.

그래서 세계 최고 IT 기업과 빠르게 성장하는 스타트업에서는 그런 문화를 만들고 사람들에게 선한 (기술의) 영향력을 끼치는 커뮤니티 리더를 자신의 편으로 만들기 위해 큰 노력을 기울이고 있다.

이 책에서 나는 이들 소프트웨어 인재들, 그리고 그들이 만든 커뮤니티에 대하여 이야기할 것이다. 특히 그들을 이끄는 커뮤니티 리더들의 힘, 다시 말해 커뮤니티 리더십은 급변하는 미래를 살아야 할 우리가 모두 배우고 익혀야 할 능력임을 확인하고 강조할 것이다.

내가 만난 커뮤니티 리더 모두가 높은 자리까지 오른 사람들은 아니다. 하지만 그들은 어떤 상황에서도 자신이 먼저 배워 남과 함께 공유하려는 자세를 가진 사람들이다. 이런 자세로 공부하면 효율적으로 지식을 축적할 수도 있고, 세계 최고의 기업이 원하는 인재가 될 수도 있다. 이런 커뮤니티 리더십이 있는 사람을 중심으로 회사를 운영할 때 어떠한 놀라운 변화가 생기는지 지난 15년 동안 마이크로소프트에 있으면서 생생히 경험했다.

모두가 잘 알고 있듯이 명문 하버드 출신의 스티브 발머(Steve Ballmer)가 이끌던 마이크로소프트는 십수 년간 끊임없이 추락했다. 하지만 인도의 이름 없는 대학을 나오고, 명문대로 보기 힘든 미국의 어느 대학에서 유학한 인도 출신 사티아 나델라(Satya Nadella)가 회장이 되자 모든 것이 달라졌다. 그는 추락을 거듭하며 시장에서 잊혀가던 마이크로소프트를 혁신의 아이콘으로 만들었고, 급기야 전 세계 시가총액 1위의 기업으로 탈바꿈시켰다.

나는 이 두 회장의 시절을 모두 겪으며 오늘날 살아남고 성공하기 위해서는 소통, 공감, 개방성, 나눔이라는 문화와 태도가 필요함을 절감했다. 이런 문화와 태도는 좋은 학벌과는 전혀 상관없다. 오직 커뮤니티 리더십을 지닌 자만이 가질 수 있는 핵심 경쟁력이다.

하지만 어렵게 생각하지 않으면 좋겠다. 중학교 1학년인 내 아들도, 소프트웨어를 전혀 모르는 프리랜서 예술가 남편도, 이 책의 일부분만 읽고도 바로 실천할 수 있을 정도로 쉽다. 왜냐하면 이 책에서는 수십 명의 커뮤니티 리더들의 생생한 사례를 전달할 뿐만 아니라, 구체적인 실천 팁도 제시하고 있기 때문이다.

나는 이 책을 써 내려가며 단 하나의 소망에 집중했다. 이 책을 읽는 모든 사람이 커뮤니티 리더십을 실천해 주었으면 하는 소망이다. 거창할 필요도 없다. 현재 자신의 위치에서 시작할 수 있는 것이면 무엇이든 좋다. 시작은 미약하더라도 나와 비슷한 선한 목표를 가진 이들과 함께 즐겁게 실천하다 보면 상상하지 못한 놀라운 결과를 가져오리라 확신한다. 어떤 미래가 와도 당당하게 헤쳐나갈 힘을 스스로 만들 수 있기 때문이다.

이 책을 쓰며 간절한 꿈을 꾼다. 우리 기업 곳곳에, 그리고 사회 이곳저곳에 '소통, 공감, 개방성, 나눔'을 실천하는 커뮤니티 리더들이 많이 자리잡기를. 그래서 학교나 가정에서도 아이들이 가슴속에 소중한 배움의 열정을 품고 평생 살아갈 수 있도록 돕기를. 다른 사람과 함께 성장하기 위해 열정과 헌신을 다하는 사람들이 평가받는 사회가 되기를. 그리고 그런 기업과 학교가 많아지기를. 그렇게 해서 '포스트 학벌시대'에 가장 어울리는 새로운 리더십, 새로운 인재의 시대가 열리길 말이다.

PS: 프리랜서 예술가 남편의 커뮤니티 도전기를 확인하고 싶은 독자는 맨 마지막 에필로그부터 보기 바란다.

Special Thanks
일평생 커뮤니티 리더십의 본을 보여주신 어머니와 아버지께 큰 감사를 드립니다.

| 차례 |

1 장
커뮤니티 리더, 그들은 누구인가

2 장

마이크로소프트 시총 1위 탈환의 비밀

3 장

왜 세계 최고의 기업들은 커뮤니티 리더를 주목하는가

4 장
초연결 시대의 핵심 능력, 커뮤니티 리더십

5 장
커뮤니티 리더십으로 글로벌 인재가 되는 법

6 장
커뮤니티 리더십 친절 가이드

커뮤니티 리더, 그들은 누구인가

"정말 저는 공부만 잘하면 되는 줄 알았어요.

그런데 먼 길을 돌아와 보니 그게 아니었어요.

공부, 그것만 잘해서는 절대 안 되는 거였어요."

고학력 엘리트를
기업이 반기지 않는 이유

공부만 잘하면 되는 줄 알았어요

"이사님, 공부 잘하셨죠? 저도 공부 잘했거든요."

몇 년 전, 우리 팀에서 2년 계약직으로 일하던 윤 과장이 점심 식사 중에 갑자기 이런 말을 꺼냈다. 참하고 다소곳한 말투에, 어릴 때부터 부모님과 선생님 말씀 잘 듣고 자랐을 거라 짐작은 했지만, 갑자기 공부 얘기는 왜 꺼내나 싶었다. 아마도 곧 계약이 만료되어 다른 직장을 찾아야 한다는 막막함에 그러는가 싶어 한참을 묵묵히 들었다.

"어릴 때 열심히 공부하면 주변 어른들이 모두 좋아하고 인정해 줬잖아요. 그게 좋아서 참 열심히 공부했는데…."

윤 과장은 명문 대학 영문과를 졸업하고 국내 SKY 대학 중 한 곳에서 경영대학원 MBA 과정까지 밟은 소위 엘리트 여성이다. 부모의 기대를 한 몸에 받은 것은 물론, 본인도 자부심이 컸다고 했다.

"그런데 이사님, 그렇게 열심히 공부하고 성적도 우수했는데 다 소용없더라고요."

윤 과장은 대학을 졸업할 때쯤, 여느 젊은이처럼 이름 있는 기업에 입사원서를 내고 시험을 보러 다녔다. 하지만 모두 탈락. 이후, 중소기업에 합격했으나 자존심 때문에 차마 들어갈 수 없었다고 했다. 억울한 생각까지 들었단다.

'어떻게 공부하여 여기까지 왔는데, 고작 중소기업에 들어갈 수는 없는 것 아닌가.'

윤 과장은 공부는 자신 있으니 국내 최고 경영대학원 중 한 곳에 입학하여 다시 열심히 공부했다. 이 정도 학력이면 자신이 원하는 이름 있는 외국계 기업에 들어가기 어렵지 않을 것 같았다. 죽을힘을 다해 최선을 다했다. 영어도 학력도 전혀 문제가 없었다. 다소 곳하고 예의 바르게, 한편으로는 강단 있게 인터뷰에 응했다. 하지만, 결과는 참담했다.

"정말 저는 공부만 잘하면 되는 줄 알았어요. 그런데 먼 길을 돌아와 보니 그게 아니었어요. 공부, 그것만 잘해서는 절대 안 되는 거였어요."

이 이야기가 비단 윤 과장만의 이야기일까? 대한민국에서 공부한 대부분의 사람은 공감하는 부분이 많을 거라 생각한다.

왜 공부하는지도 모르고 그저 시험을 잘 치기 위해 공부한다. 좋은 성적으로 좋은 대학에 가면 좋은 직장이 기다리고 있을 거라 믿고 혈기왕성한 20대 중후반, 어떤 사람들은 30대까지도 열심히 홀로 공부한다. 하지만 그렇게 열심히 해 취업이라는 관문에 서게 되면 열에 아홉은 윤 과장처럼 공부의 배신을 맞본다. 그리고 아픈 청년의 반열에 올라 암담한 현실과 싸운다. 다음은 2018년 상반기 취업 시즌이 끝나고 《서울경제신문》에 실린 기사 한 토막이다.

서울 주요 대 실(實) 취업 처참한 민낯,
서울대 40%, 고대 54%, 성대 59%…
실제 취업률과 20% 차

물론 이게 명문대생만의 문제는 아닐 것이다. 하지만, 우리나라 학부모와 학생들이 거의 모든 가용 재화와 시간을 쏟아부어 들어간 명문대가 아닌가? 그런데 반이 넘는 명문대생이 취업이 되지 않아 대학원을 가고, 공시(公試) 준비를 한다니 기가 찰 노릇이다.

현실과 동떨어진 공부

얼마 전에 중학교 1학년 아들이 다니는 수학학원을 그만두게 했다. 수학학원에 다니지 않고, 선행하지 않는 아이가 거의 없다며 자기도 꼭 가야 한다기에 6학년 때부터 다닌 학원이다. 하루 3시간, 주 3회 학원에서 수업을 받았다. 그러고도 숙제를 하느라 10시, 11시를 넘겨야 했다. 12시, 1시까지 학원 숙제로 잠을 못 자는 친구도 많다고 했다. 그렇게 공부하고도 시험에서 틀린 게 제법 있었다. 그런데도 학원에서 중3 교재를 사서 보내란 문자가 왔다. 이건 아니다 싶어 말리는 아들을 설득하여 결단을 내린 것이다. 아마도 명문대에 들어간 많은 학생이 초등학생 시절부터 이런 시간을 견디고 또 견뎠으리라 싶다.

문제는 이렇게 혼자 열심히 공부한 명문대생을 기업에서 썩 반기지 않는다는 데 있다. 그 이유의 한 자락을 한때 큰 화제가 되었던 〈서울대 A+의 조건〉이라는 EBS 다큐멘터리를 보면 어렵지 않게 짐작할 수 있다.

서울대학교 교수학습개발센터 이혜정 소장이 '우리나라 최고 엘리트의 공부법을 조사하여 다른 학생들에게 참고가 되게 하겠다'는 목적으로 조사를 시작했는데, 결과는 당혹스런 것이었다. 이혜정 소장의 예상에서 한참 벗어난, 서울대에서 A+를 받는 학생의 비법은 "수업 시간에 교수의 말을 모두 녹음하고 노트북에 기록하여 무조건 외우는 것"으로 밝혀졌기 때문이다. 초·중·고, 그리고 대학에서까지도 정답이 있는 시험을 위한 공부를 하도록 길들여져 있었던 것이었다.

이렇게 예상 정답이 있고, 그 정답을 맞히기 위해 오랫동안 훈련한 청년들이 현실 세계로 나오면 엄청난 충격을 받게 된다. 현실에는 정해진 답이 없기 때문이다.

또한 너무 오랫동안 현실과는 동떨어진 공부를 하며 현실 세계를 추상적으로 이해한 탓에 기업에서 요구하는 업무가 나와 맞지 않는다는 결론을 내리기 쉽다. 요리를 책으로 열심히 배운 사람이 어느 식당 주방에 취직했다고 상상해 보라. 사방에서 뜨거운 기름이 튀고, 사수는 끊임없이 파나 양파를 까는 등의 허드렛일을 시킨다. 내가 이런 일이나 하자고 그렇게 열심히 공부했나, 억울하고 회의감이 들 것이다. 그래서 분명 내 능력(?)에 맞는 대우를 해 줄 식당이 있을 거라고 굳게 믿고, 실제 좋은 요리사가 될 진짜 공부를 할 수 있는 시기가 오기도 전에 사표를 제출한다.

청년 이직률에 관한 다양한 통계 중 하나는, "평균 1~2년의 구직 활동 끝에 취업에 성공한 대졸자의 약 30%가 취업 1년 안에 퇴사한다"고 전한다. 심지어 청년의 65%가 15개월 만에 이직을 선택한다는 통계도 있다. 그런데 대부분의 퇴사자는 그들이 편안히 여기는 정답이 있는 각종 시험을 준비하기 위해 다시 홀로 공부하며 현실 세계와 더욱 멀어지는 선택을 한다.

시대는 변했는데
공부 방법은 그대로

공부는 어느 시대든 중요하다. 전쟁의 폐허를 딛고 우리나라를 세계 10위권 경제 대국으로 일으킨 원동력 중 하나는 '국민의 배움에 대한 열망'이라고 말해도 크게 틀린 말은 아닐 것이다.

소프트웨어가 중심이 되어 진행되는 4차 산업혁명 시대, 모바일 혁명으로 소비 패턴이 급격히 변화하는 시대에도 물론 공부는 중요하다. 문제는 과거의 공부 방법으로는 급격한 변화에 대응하기 어렵다는 것이다. 따라서 교육 혁신이 필요한데, 그 누구도 혁신의 방향에 대해 명쾌한 답을 내놓지 못하고 있다. 수없이 많은 이해관계가 얽혀 있는데다가, 우리의 교육은 여전히 대학 입시에 쏠려 있기 때문이다.

당장 서점의 교육 관련 코너에 가보라. 대부분의 교육 관련 서적이 대학 입학이라는 최종 목적지에 도달하기 위해 어떻게 해야 하는지에 초점을 맞추고 있다. 하지만 대학 졸업장만으로는 사회에서 오롯이 자신의 몫을 해낼 수 있음을 증명하기 어려운 시대가 되었다. 왜 그럴까?

이 질문에 대한 답을 얻기 위해 올(2019년) 12월 개관을 준비하고 있는 이노베이션 아카데미의 초대 학장인 국민대학교 소프트웨어학부 이민석 교수를 만나 보았다. 이노베이션 아카데미는 정부 주도 아래, 프랑스의 유명한 소프트웨어 교육 전문 기관인 에꼴 42(ecole 42)의 교육 방식을 적용하여 만들었다.

이민석 교수는 대학에서만 학생들을 가르치지 않는다. 방학이면 고등학생 대상의 소프트웨어 캠프, 대학생을 위한 해커톤('해커'와 '마라톤'의 합성어로, 컴퓨터 전문가들이 한 장소에 모여 마라톤을 하듯 장시간 동안 쉬지 않고 특정 문제를 해결하는 과정을 의미)을 열거나, 소프트웨어 업계 선배와 후배의 만남을 주선하는 등 소프트웨어 인재 양성을 위해 다양한 시도와 노력을 해왔다. 그뿐만 아니라 네이버가 설립한 소프트트웨어 학교 NHN NEXT의 창립 멤버이자, 2대 학장을 역임했을 정도로 이쪽 분야에서 잔뼈가 굵은 인물이다. 다음은 그가 들려준 NHN NEXT 시절, 직원 채용 때의 일화이다.

"수많은 지원자 중 최종 면접 대상자로 두 명의 대학 졸업생이 올라왔어요. 한 명은 서울의 유명 외국어 고등학교를 나와 명문 대학에서 유명한 교수와 공부한 학생이었어요. 또 다른 한 명은 전문대에서

음악을 전공한 학생이었고요. 인터뷰하기 전엔 아무래도 첫 번째 학생이 채용되지 않겠나 싶었지요. 그런데 첫 번째 학생과 인터뷰를 하는데 뭔가 대답이 정형화되어 있다고나 할까, 기계적으로 외운 것 같은 느낌이 들었어요. 대학에서 혁신적인 인물을 조사하고 연구했던 얘길 하기에, 그럼 어떤 사람이 혁신적인 인물이라고 생각하는지 너의 생각을 얘기해 달라고 하니 대답이 궁색하더라고요.

그런데 두 번째 학생은 달랐어요. 광고 테마송도 직접 부르고 작곡도 하는 좀 독특한 면이 있는 학생이었지요. 자신이 직접 노래 부르는 걸 좋아할 뿐만 아니라, 다른 사람들에게 노래하는 법을 많이 가르쳐 주었다고 했어요. 그런데 사람들이 노래하는 모습을 관찰하다 보니, 노래가 숨은 용기를 끌어낼 수 있다는 것을 알게 됐다는 거예요. 그러면서 어떻게 사람들의 숨은 용기를 끌어냈고, 그 결과가 어떠했는지 자신의 경험을 술술 얘기하더군요.

인터뷰가 끝나고 사수가 될 매니저에게 누굴 택하겠냐고 물어보았어요. 첫 번째 학생을 뽑으면 매니저의 시간을 20%가량 할애해서 무엇을 해야 할지 가르치는 데 써야 할 거라고 말하면서요. 물론, 지시한 내용은 아주 철저하게 해낼 거라고 했지요. 하지만 매니저는 결국 두 번째 학생을 선택하더라고요. 할 일을 스스로 찾고, 부족한 부분이 있으면 알아서 공부할 거로 생각했기 때문이지요."

생각하고 질문하는 힘의 중요성

안타깝게도 현재 학교 시스템에서 우수한 성적을 거두는 학생은 앞의 예에 나오는 첫 번째 학생 같은 경우가 무척 많다. 아이들이 스스로 생각하고 질문할 기회가 갈수록 줄어들고 있다. 아이들 스스로 고민하며 극복해야 할 문제를 알아서 차단해 주는 친절한 어른들이 주변에 너무 많기 때문이다.

아이들은 부모님이, 학교 선생님이, 학원 선생님이 지시한 대로 엉덩이 힘을 키워 시험에 최적화된 인재로 자라는 데 힘을 쏟는다. 그러니 스스로 생각하고 질문하는 힘이 현저히 약해질 수밖에 없다.

"수많은 학생을 접해 보니 서울대학교 학생이나 국민대학교 학생이나 배우는 속도나 능력에서 큰 차이가 없어요. 하지만 확실히 엉덩이 무게가 중요한 영역에서는 차이가 나요. 리서치와 같은 단순 영역에서는 확실히 서울대학교 학생의 속도가 빨랐어요. 나머지는 정말로 똑같아요. 그런데도 두뇌 회전이 뛰어난 청소년기에 표준 테스트 문제를 더 많이 맞히도록 훈련하는 데 너무 많은 에너지와 시간을 쏟는 현실이 정말 답답해요."

이어지는 이민석 교수의 하소연이다.

산업화 초기에는 이렇게 성실하게 훈련된 인력이 많이 필요했다. 이 시대에는 엘리트 그룹이 해외 사례를 잘 벤치마크하여 정확한 미션과 그에 따른 매뉴얼만 제공하면 별문제가 없던 시대였다. 따라서 매뉴얼을 완벽히 이해하고 주어진 미션을 빠르고 정확하게 수행할 수 있는 능력만 있으면 평생직장이 보장되었다.

하지만 지금은 리더의 판단에 전적으로 의존하여 따라가기에는 세상이 너무 빨리 변하고 있다. 변화 속도는 더 빨라질 것이다. 이제는 각자 생각하고, 역할 조직별로 스스로 목표를 정하고 책임져야 한다. 이런 변화를 잘 알고 빠르게 대처하는 기업들이 늘어나니 명문대 출신이라는 타이틀이 힘을 쓰지 못하는 것은 당연하다. 명문대 학생뿐만이 아니다. 정답만 맞히는 공부만 열심히 한 학생들은 영문도 모른 채 공부의 배신을 맞보게 된다.

마이크로소프트에서 만난
수많은 지방대, 고졸,
문송한 직원들

나의 IT 업계 입성기

IT와 전혀 무관한 영어교육학을 전공하던 나는 우연한 계기로 대학 선후배와 인터넷 벤처회사를 설립하면서 IT와 인연을 맺게 되었다. IMF 외환위기가 극성이던 때에 취업 전선에 내던져졌으니 다른 선택지도 거의 없었다. 경험도 실력도 일천했지만, 말 그대로 청춘을 불살라 한창나이 20대 후반을 고스란히 바쳤다. 밤을 맨날 꼴딱꼴딱 새면서 일했지만, 회사는 3년 만에 폭삭 망해버렸다. 50만 원에서 시작했던 급여가 막 100만 원을 조금 넘을 때였다. 그런데 경력이라고는 망한 회사에서 3년 정도밖에 없던 내가 또 다른 벤처기업인 네오위즈를 거쳐 세계 최고의 IT 기업 중 하나인 마이크로소프트에 입사하여 벌써 15년의 세월이 흘렀다.

마이크로소프트에 입사해서도 상황은 녹록지 않았다. 나는 입사후, 월간 1,500만 명의 유저가 로그인하는 국민 메신저 MSN의 담당 PM(project manager)이 되었다. 그런데 입사한 지 채 6개월이 지나지 않았을 때, SK가 네이트온이라는 경쟁 서비스를 시장에 내놓자, MSN은 속절없이 하락했다.

나는 장장 7년간을 나락으로 떨어지는 온라인 서비스 부서에서 고군분투했다. 매년 떨어지는 서비스의 담당자로 눈칫밥 7년을 먹는 것이 보통 일은 아니었다. 그뿐만이 아니다. 지금도 자주 있는 일이지만, 당시에는 MSN 메신저로 친구를 사칭하여 사기를 치는 일이 흔하였다. 아침에 출근하면 친구로 사칭한 해커에게 500만 원을 보냈다며 담당자 나오라고 고래고래 소리 지르는 아저씨, 엉엉 우는 아주머니를 상대해야 했다. 둘째를 임신했을 때는 이 문제로 경찰서에도 출두하고 검찰에도 불려가곤 했다. 마이크로소프트에서 뭔가 근사한 일을 할 거라 생각하며 입사를 꿈꾸는 많은 취준생(취업준비생)이 들으면 분명 실망할 이야기다. 하지만 현실 세계는 정답이 없다. 정말 예상 못한 대로 흘러가는 게 현실 세계이고, 직업의 세계라고 보면 된다.

세계적 기업의 직원치고는 너무 초라한 스펙이라고?

마이크로소프트에서 15년간 일하면서 정말 다양한 사람을 만났다. 글로벌 회사답게 국적도 다양하고, 학력, 경력도 다양하다. 하버드·카이스트 졸업자와도 함께 일했지만, 지방대나 전문대 졸업자, 심지어 고졸 직원과 일한 적도 많다. 모두 컴퓨터를 전공하지도 않았다. 나와 같이 문과 출신에 프로그래밍 언어를 모르는 직원도 많았다. 최근 전 세계 시가총액 1위를 탈환하며 우리나라 연간 예산의 3배인 1,200조의 가치에 달하는 기업의 직원치고는 너무 소박한 학력이라고 말할 수도 있겠다.

마이크로소프트에 왜 이렇게 다양한 학력과 경력을 지닌 직원이 존재하는지는 사원 채용 과정을 살펴보면 알 수 있다. 국내 기업과는 달리 외국계 기업은 대규모로 신입사원을 채용하는 경우가 거의 없다. 물론 10명 이내의 신입사원을 사회 환원 차원에서 의도적으로 채용하는 경우가 있긴 하지만, 그마저도 점점 줄이거나 없애는 추세다. 대신 신규 포지션이 생겼을 때 철저하게 경력을 보고 채용한다. 그래서 인터뷰를 할 때, 어떤 대학을 나왔는지 굳이 따지지 않는다. 어차피 대학명과 전공은 특수한 영역이 아니면 거의 의미가 없기 때문이다. 대신 본인이 어떤 공부를 어떻게 해왔고 어떤 경력을 쌓아왔으며 지금 뽑고자 하는 포지션에 어떻게 맞는지만 철저히 검증한다. 그리고 그 사람과 함께 일해 본 사람들을 통해 평판 조회를 하고 인성이나 팀워크 능력을 확인한다. 미국 본사뿐만 아니라 전 세계 지사가 동일한 시스템으로 신규 직원을 뽑는다.

이렇게 입사했다고 해도 평생 고용을 약속하는 것도 아니다. 내가 15년간 몸담았던 5개 남짓한 조직 중에 지금까지 살아남은 조직은 안타깝게도 한 군데도 없다. 어딘가로 통폐합됐거나 혹은 그냥 없어졌다.

이뿐만이 아니다. 마이크로소프트에서는 매년 필요 없는 포지션을 '블루 프린트'라는 이름으로 발표한다. 그 포지션의 직원이 일을 얼마나 열심히 했는지, 성과를 얼마나 냈는지는 중요하지 않다. 그냥 그 조직이, 그 포지션이 필요 없다고 회사에서 결정을 내리면 없어진다. 그럼 없어진 조직에 있던 직원들, 블루 프린트에 적힌 직원들은 어떻게 해야 할까? 알아서 자리를 찾아가야 한다. 회사에서 일정 기간 부서 간 이동을 알아봐 주긴 하지만 결국 자신의 네트워크로, 능력으로 카멜레온 같이 변신하여 새 자리를 찾아야 한다.

자, 이런 정글 같은 현실에서 반평생을 정답만을 찾아 열심히 홀로 공부한 사람들은 어떻게 될까? 가장 정답이 아닐 것 같은데 채점자가 그게 답이라고 강요하는 상황처럼, 당황스럽고 혼란스러울 수밖에 없을 것이다. 나 또한 이처럼 변화무쌍하고 무자비한 현실에 처음부터 적응한 것은 아니다.

결국 살아남는 사람들의
공통점

....

마이크로소프트 MVP

이런 회사 생활이 해를 거듭하며 결국 살아남는 직원, 혹은 어떤 상황에서도 어떻게든 헤쳐나갈 것 같은 동료들이 눈에 보이기 시작했다. 학연을 내세우며 사내 'OO 대학' 모임을 주도하던 김 상무, 은근히 유학파 출신임을 내세우며 파벌을 조성하던 이 부장 등은 어느 순간 회사에서 보이지 않았다. 반면에 주말이면 이러저러한 공부 모임을 주도하던 박 이사, 아무도 시킨 사람이 없어도 주말에 열리는 세미나에 발표자로 나서는 김 부장 등은 회사에 남았다. 또한, 회사를 떠나더라도 금세 더 좋은 곳에 자리를 잡았다는 소식을 전했다.

물론 모두 그런 건 아니지만, 나는 그들의 성장 과정에 공통점이 있음을 발견했다. 이러한 공통점은 비단 마이크로소프트의 직원에게서만 발견한 것은 아니다. 내가 일하면서 만난 수없이 많은 기술 전문가들에게서도 발견하였다. 그 공통점에 관해 얘기하기 위해 나의 마이크로소프트 서바이벌 얘기로 잠시 되돌아가 보자. 앞에서 얘기했듯이 나는 마이크로소프트에 입사하여 승산 없는 싸움을 7년간 하며 몸과 마음이 많이 지쳐갔다. 이제 정말 의미 없는 경쟁이 아닌 진정한 가치를 만드는 일을 하고 싶었다.

　그러던 와중에 마이크로소프트가 20년간이나 공을 들이고 있던 마이크로소프트 MVP(Most Valuable Professional)를 관리하는 팀을 만나게 되었다. 3개월이 넘는 동안 총 6차례 내부 인터뷰를 했다. 미국 시애틀 본사에서 전 세계 곳곳에서 일하는 직원들을 관리하는 팀이라 인터뷰는 대부분 영어로 진행되었다. 피를 말리는 3개월의 인터뷰 끝에 나는 MVP를 관리하는 팀에 들어가게 됐다. 그 후로 지금까지 그 팀에서 일하면서 만난 전 세계 3,000여 명의 MVP는 정말 그동안 내가 만난 사람들과는 달라도 아주 달랐다.

　마이크로소프트의 MVP는 전 세계에서 활동하고 있는 외부 기술 전문가 중 커뮤니티 리더십이 탁월한 사람들에게 수여 하는 상이다. 그러니까 여러 IT 기술 분야에 독보적인 실력을 갖추고 있으면서, 동시에 그 기술을 혼자만 알고 있는 것이 아니라 기술에 대한 정보가 필요한 사람들에게 아낌없이 나누고, 기술 공동체가 성장하도록 헌신하는 사람에게 주는 상이다. 내가 하는 일은 이런 커

호주 시드니. 호주&뉴질랜드 커뮤니티 리더 밋업 모습.

뮤니티 리더들을 찾아내고, 마이크로소프트 MVP에 대해 알려주어 그들이 MVP가 되도록 돕고, 또한 이들이 더 훌륭한 커뮤니티 리더십을 발휘할 수 있도록 지원을 아끼지 않는 일이다.

처음엔 한국의 MVP만을 담당했다. 그다음엔 호주와 뉴질랜드, 2년 뒤엔 싱가포르와 동남아시아 전체, 지금은 아시아 타임 존(Asia Time Zone), 즉 인도부터 중국, 일본에까지 이르는 아시아 전 지역을 관장하는 리저널 매니저(regional manager)를 맡고 있다. 유럽과 아메리카 대륙을 제외한 전 세계에서 부지런히 IT 전문가를 찾아내어 마이크로소프트 MVP가 될 만한 자질이 있는지 살피고, 독려하며, 키워나간다. 내가 MVP 팀으로 와서 살펴본 MVP 후보만 약 2,000명가량 되고, 그중 4분의 1인 500명 정도가 MVP가 되었다. 거기서 다시 4분의 1 정도인 100여 명이 마이크로소프트의 직원이 되어 전 세계를 누비며 일하고 있다. 물론 마이크로소프트의 직원이 되지 않더라도 마이크로소프트 MVP는 IT 업계 곳곳에서 중요한 역할을 하며 영향력을 끼치고 있다.

끊임없이 자신과 공동체의 성장을 위한 공부를 멈추지 않는 사람들

그렇다면 무엇이 이들을 수없이 많은 IT 기술자와 구분되게 하고, 마이크로소프트에서 1순위로 채용하고 싶게 만들까? 그리고 앞서 살펴본 정글 같은 회사 생활에서 승승장구하며 살아남는 직원들은 어떤 특징이 있을까? 비단 회사 생활뿐 아니라 어디에서든 필요한 사람이 되며, 그로 인해 얻는 수많은 기회를 입맛대로 골라 잡는 사람의 특징 말이다.

글로벌 시장은 시시각각 변화하는 전쟁터와 같다. 마이크로소프트와 같이 굳건한 시장 경쟁력과 거대한 자본을 가진 회사도 이러한 변화에 현명하게 대처하지 않으면 한순간에 위기를 맞게 됨을 보았다. 하물며 일개 개인은 오죽하겠는가? 아무리 본인의 능력이 뛰어나더라도 큰 흐름을 읽고 유연하게 대처하지 않으면 이전의 영광은 한순간에 물거품이 되는 것이 현실이다.

결국 살아남는 사람들은 큰 흐름을 읽으려 노력하고 유연하게 자신을 변화시키며 대처하는 사람들이라고 볼 수 있다. 그리고 이런 사람들은 끊임없이 자신과 공동체의 성장을 위한 공부를 멈추지 않는다는 공통점이 있다. 하지만 답이 정해져 있는 공부를 홀로 하지 않는다. 현실에서 현장에 있는 사람들과 함께한다. 그것도 내가 먼저 열심히 배워서 남 주기 위한 공부를 봉사하는 마음으로 오랫동안 지속한다.

마이크로소프트는 이런 사람들을 '커뮤니티 리더'라고 부르며 최선을 다해 우리 편으로 만들기 위해 노력한다. 나는 한 발짝 더 나아가 이런 공부를 '커뮤니티 공부'라 부르고, 불안한 현재와 미래를 준비하는 모든 사람을 위한 대안으로 제시하고자 한다. 수많은 성공사례와 구체적인 실천 방안과 함께 말이다.

커뮤니티 리더,
그들은 누구인가?

커뮤니티 리더라 불리는 사람들

직업상 나는 어쩔 수 없이 수많은 사람을 만날 수밖에 없다. 그것도 한국뿐 아니라 전 세계에서 일하고 있는 다양한 IT 전문 인력을 말이다. 많은 사람을 만나는 일을 하다 보니 나는 자연스럽게 이들을 크게 세 부류로 나눌 수 있다는 것을 알게 되었다.

한 부류는 어떤 특정 기술이나 자격증을 위해 열심히 공부하여 목표를 이룰 때까지 최선을 다하는 이들이다. 이들은 관련 분야 사람들도 부지런히 찾아다닌다. 하지만, 소기의 목표를 이루고 나면 딱 거기에서 멈춘다. 더는 새로운 분야에 관한 공부 욕구도 네트워킹에 대한 욕구도 생기지 않는다. 오로지 현실의 문제, 당장의 성과에 집중하며 하루하루를 보낸다. 바로 목표지향형의 사람들이다.

두 번째 부류는 타고난 학습자로, 늘 공부하는 삶을 산다. 새로운 지식에 대한 욕구도 충만하여 늘 신간 서적을 살펴보고 시대의 흐름에 뒤처지지 않기 위해 매일매일 열심을 다한다. IT 잡지나 기사를 챙겨보고 학원에 등록하기도 하며, 중요한 콘퍼런스는 어떻게든 참석하려 한다. 업계 동향을 살피기 위해 회사가 끝난 후엔 업계 사람들과 저녁식사 자리, 술자리도 꼭 챙긴다. 이들은 자아개발 유형이라고 할 수 있겠다.

그런데 내가 눈여겨보며 집중하는 사람은 세 번째 부류의 사람들이다. 이 사람들도 앞의 두 부류와 마찬가지로 열심히 공부한다. 하지만, 거기서 끝이 아니다. 자신이 공부한 것을 어떤 형태로든 다른 사람에게 알려주려고 한 발짝 더 나아간다. 자신이 공부한 내용을 블로그로 친절하게 설명한다든지, 유튜브에 영상을 올린다든지, 더 나아가 같은 내용을 공부하는 사람들을 모아 커뮤니티를 만들어 온라인이나 오프라인에서 강의를 하기도 한다. 또한 유익한 정보는 트위터나 페이스북 같은 SNS를 통해 최대한 많은 사람에게 전달하기 위해 바지런을 떤다. 그 정보를 본 사람들이 고마워하거나 질문하면 이들은 더 기운을 낸다. 그렇게 뿌듯할 수가 없단다. '오늘은 무엇을 공유할까?', '어떤 게 더 도움이 되는 정보일까?'라는 생각으로 늘 열정적이다. 이들은 오랫동안 쌓은 노하우를 엮어 책을 쓰거나, 관련 도서를 번역하기도 한다.

바로 이런 세 번째 부류의 사람들을 우리는 커뮤니티 리더라 부르고 나와 마이크로소프트는 그 사람들을 우리 편으로 만들기 위해 조심스럽게 그러나 쉼 없이 노력하고 있다. 최근엔 마이크로소프트뿐 아니라, 아마존, 구글, 페이스북과 같은 글로벌 IT 리더 회사들이 하나같이 커뮤니티를 전문적으로 관리하는 팀을 전 세계에 두고 있고, 이러한 리더들에게 아낌없이 투자하고 있다.

현장에서 힘을 발휘하는 커뮤니티 공부

그렇다면 이런 커뮤니티 리더들이 단지 사람이 좋기 때문에 다른 사람과 정보를 공유하려고 자신의 열정과 시간을 아낌없이 투자하는 것일까? 그리고 당장 먹고살기에도 바쁜데 이런 식의 장기 레이스가 정말 의미 있는 것일까?

세 번째 부류의 사람은 의도하든 안 하든, 자기 목표만을 위해 홀로 공부하는 사람들이 갖기 힘든 여러 가지 장점을 가진다. 특히 IT 기술 분야같이 이론 공부보다는 실제 상황에서 어떻게 적용하고 응용하는지가 중요한 분야일수록 더욱더 그러하다.

앞에서 예를 들었던 책으로만 공부한 요리사를 기억해 보자. 아무리 시험 성적이 우수하더라도 그 요리사가 다양한 상황이 벌어지는 식당 주방에 바로 적응할 수 있을까? 실제 주방에서 실습하며 수많은 상황에서 어떻게 대처하는지를 몸에 감각적으로 익히는 과정이 필요하다.

커뮤니티에서는 좀 어설프더라도 커뮤니티 회원과 직접 실습하며 손에 익히는 과정을 무한 반복해 볼 수 있다. 그렇게 무수한 시행착오를 겪으며 올바른 길을 스스로 찾아갈 힘이 생긴다.

그런데 이와 같은 방법이 과연 IT 같은 기술 분야에만 국한될까? 지식은 현장과 융합될 때 강력한 힘을 발휘한다. 예컨대, 역사 공부도 책으로만 유물을 살펴보고 역사적인 장소를 머리로 기억하는 것과 실제 눈으로 보고 발로 밟아 보는 것은 큰 차이가 난다. 또 과거 현인들의 지혜도 단지 아는 것에서 나아가 현실의 문제에 직접 적용해 볼 때 비로소 의미가 생긴다.

이처럼 대부분의 학문은 현실 세계에서 숨 쉬며 변화해 나간다. 활자로만 배울 것이 아니라 그 학문에, 기술에 관심 있는 사람들이 모여 대화하고 토론하고 현실에 적용해 볼 때 진짜 살아 있는 공부가 되는 것이다. 이것이 바로 커뮤니티 공부가 많은 분야에 적용될 수 있고, 적용되어야 하는 이유다.

강력한 네트워크의 힘

커뮤니티 공부의 또 다른 장점은 함께 공부하고 나누면서 본인의 영향력을 극대화할 수 있다는 것이다. 커뮤니티에서 공부한 내용은 내 것이 아닌 우리 것이기 때문에 온라인에서 공유하는 것에 거부감이 없다. 심지어 더 많이, 더 잘 알려주기 위해 다양한 방법을 동원한다. 인터넷의 파급력과 소셜미디어 덕분에 잘 만들어진 콘텐츠는 수많은 사람에게 영향을 미친다. 그리고 당연히 그런 콘텐츠를 만든 사람의 영향력은 커질 수밖에 없다. 함께 공부하고 나누었을 뿐인데 그 분야의 고수로 많은 사람이 알아봐 주기까지 하는 것이다. 다음 인터뷰에서 소개할 마이크로소프트의 김영욱 부장이 바로 그러한 상황에 해당한다. 그가 커뮤니티와 함께 공부하며 나눈 것이 그의 영향력에 어떤 기여를 했는지, 그리고 여러 사람과의 나눔이 그에게 어떠한 기회를 선사했는지를 보면 커뮤니티 공부의 위력을 실감할 수 있을 것이다.

커뮤니티 공부의 세 번째 장점은 바로 강력한 네트워크의 힘이다. 많은 사람이 인맥의 중요성을 알고 있지만, 실제로 어떻게 인적 네트워크를 만들어야 하는지는 모른다. 학연, 지연으로 네트워크를 만들려 하지만 이는 과거에나 통했던 방법으로 크게 도움이 되질 않는다. 이때 부담 없이 인맥을 넓힐 방법이 커뮤니티 활동이다. 커뮤니티에는 학생뿐 아니라 실제 업계에서 일하고 있는 실무진 혹은 경영진 등, 새로운 정보를 배우고 싶어 하는 다양한 계층의 사람이 모여 있다. 또한 커뮤니티는 공통 관심사에 대해 함께 이야기를 나누고 공부하려는 순수한 목적으로 모이기 때문에 모임이 오랫동안 유지된다. 그러므로 내가 관심 있는 분야의 사람들과 인연을 쌓고 오랫동안 가치를 발휘하는 네트워크를 만들기 쉽다.

다시 한 번 정리하자면 커뮤니티는 공동의 목표를 가진 사람들의 집단으로 정의할 수 있다. 하지만 커뮤니티가 카페나 클럽같이 사람들이 모인 유무형적인 공간만을 의미하는 것은 아니다. 내 아들이 열심히 활동하는 교통 덕후 모임은 주로 각자의 블로그를 운영하고 서로이웃을 통해 소통하며 느슨한 커뮤니티를 이루고 있다. 네이버의 지식인이나 IT 기술자가 자주 찾는 스택오버플로우(StackOverFlow)와 같은 온라인 포럼, 혹은 개발자들이 각자의 개발 코드를 공유하고 함께 기여할 수 있도록 만든 깃허브(GitHub) 등도 커뮤니티라 볼 수 있다. 소셜미디어가 발전하기 전에는 메일 그룹을 통해 커뮤니티를 결성하기도 했으나, 이제는 페이스북, 트위터 혹은 밋업닷컴 등을 통해서도 손쉽게 커뮤니티를 결성한다.

커뮤니티 리더는 이렇게 여러 가지 방식으로 자발적으로 모인 사람들의 집단을 이끄는 사람이다. 커뮤니티가 자발적으로 모인 집단이기 때문에 리더 또한 자연스럽게 선출되는 경향이 있다. 즉 더 많이 봉사하고 다른 사람보다 더 많이 공부하여 더 다양한 지식을 나누는 사람이 자연스럽게 리더가 된다. 여기에서 말하는 커뮤니티 리더십은 내가 알고 있는 지식을 최대한 널리 알려 사람들이 자발적으로 내 의견이나 정보에 귀 기울이게 만드는 능력이다.

이론과 실무 그리고 리더십까지 갖춘 커뮤니티 리더, 혼자 열심히 이론만 공부하여 스스로에 대한 추상적인 자부심만 가득한 홀로 똑똑이, 당신이 경영자라면 누구를 고용하여 함께 일하고 싶겠는가?

750명 중 700등,
지금은 MS 최고 발표자
김영욱 부장

6남매 중 막내로 부산에서 태어나 현재 한국 마이크로소프트의 공공부문 기술 전문가로 일하고 있는 김영욱 부장. 그는 어려운 기술도 대중에게 쉽게 설명하는 능력과 특유의 재치로 각종 언론에서 IT 기술에 관한 인터뷰를 도맡아 하기로 유명하다. 또한 《War of IT》, 《가장 빨리 만나는 챗봇 프로그래밍》이라는 테크 분야의 스테디셀러를 출간하는 등 쉼 없이 자신의 지식을 나누고 알리는 데 앞장서고 있다.

이런 전문가적인 모습만 보면, 그가 학창 시절에 750명 중 700등을 달리며 부산지역 불량배들과 어울리던 문제아였다는 것을 상상하기 어려울 것이다. 심지어 중학교 때는 입학 가능한 고등학교가 없다는 통보도 받았다. 겨우 입학한 부산전자공고, 동의과학전문대학에 다닐 때도 학업과는 거리가 먼 생활을 이어갔다. 그런데 어떻게 40대 중반에 글로벌 IT 기업 마이크로소프트에서 최신 기술을 전파하는 전문가가 되었을까?

김영욱 부장은 많은 형제자매와 늘 바쁜 부모님 때문에 사랑과 관심을 별로 못 받고 자랐다. 하지만 관심에서 벗어나 있었기 때문에 오히려 맘껏 뛰어놀며 자랄 수 있었다. 그런 그에게도 어김없이 사춘기가 찾아왔다. "그때는 모든 게 하찮게 느껴지더라고요. 그냥 모든 걸 내려놓고 학교는 가는 둥 마는 둥 하고 책만 읽었습니다. 그래도 그때 읽었던 《나의 라임 오렌지 나무》, 알베르 카뮈의 《이방인》 등은 평생의 자양분이 되었습니다." 하지만 학업을 소홀히 한 탓에 고등학교 진학 불가 판정을 받았다. "그때 부모님께서 실망하시는 모습을 보고 마음을 고쳐먹었습니다."

고등학교 진학 불가 판정으로 부모님이 실망하는 모습에 낙담한 15살의 김영욱. 좋은 과외 선생님을 찾을 형편도 안 되었지만, 무엇보다 책상에 앉아 공부하는 것이 너무 낯설다는 데 문제가 있었다. 그래서 그는 늘 어울리던 동네 불량배 친구들을 모아 어떻게 하면 될지 의논했다.

"사실, 공부를 못 하거나 안 하는 청소년들이 모두 나쁜 것은 아니거든요. 그냥 공부가 너무 어렵고 재미도 없는데 죽어라 앉아 있는 게 싫은 거죠. 공부를 못 한다고 해서 미래에 대한 고민을 안 하거나 인생에 대해 진지하지 않은 건 아니에요."

놀 땐 놀더라도 일단 고등학교는 입학하자는 합의가 이루어지자 불량스럽던 친구들에게도 변화가 생겼다. 이미 많이 뒤처져 있던 터라 국·영·수 등은 포기하고 암기과목 위주로 전략을 짰다. 나름 책을 많이 읽은 김영욱 부장이 먼저 공부하여 시험에 나올 만한 부분 위주로 가르치며 함께 공부했다. 결국 같이 공부하던 불량배 친구들과 함께 부산전자공고에 들어갈 수 있었다.

고등학교에서도 학업보다는 연극 동아리 활동에 열심이었다는 김영욱 부장은 공고 졸업 후에 장림공단에서 전기장판 온도조절 컨트롤러를 만드는 일을 했다. 그런데 같은 일을 해도 대학 나온 공고 출신이 직급이 높은 것을 알고는 대학에 가겠다고 결심했다. 주경야독하여 동의과학전문대학에 입학한 그는 대학 과정을 마치고 취업을 준비할 무렵, 첫사랑과 헤어지는 아픔을 겪었다.

"그때는 그냥 무작정 부산을 떠나고 싶더라고요. 그래서 무조건 서울 쪽으로 이력서를 보냈습니다. 하지만, 지방 전문대 출신에게까지 기회가 오지는 않았어요."

그러던 중 1991년에 설립된 솔루션 전문 기업인 유진데이터에서 인터뷰하러 오라는 연락을 받게 되었다. 막상 인터뷰 장소에 가보니 김영욱 부장 말고도 250명이 면접을 기다리고 있었다. 걱정이 많이 되었다. 서울까지 왔는데 괜히 차비만 날리는 게 아닌가 하는 생각마저 들었다. 그때, 딱딱한 표정의 면접관이 서류를 넘기며 질문을 던졌다.

"자신의 장점을 설명해 보세요."

"잘 웃깁니다."

그때까지 김영욱 부장의 얼굴은 보지도 않고 심각한 얼굴로 서류만 쳐다보던 임원들이 피식 웃으며 쳐다보았다. 일단 좋은 분위기가 형성되자 그의 다소 독특한 성장 스토리가 면접관들에게 흥미를 주고 있음을 느낄 수 있었다. 다양한 경로로 터득한 대인관계 능력, 틈틈이 활동했던 부산소프트웨어 모임에서의 배움, 그리고 장림공단에서 습득한 다양한 기술 등, 다른 지원자와는 차별되는 생생한 이력에 면접관들이 주목한 것이다. 그래서 김영욱 부장은 높은 점수로 입사가 결정되었다.

김영욱 부장은 유진데이터 입사 후에도 남들보다 30분 일찍 출근하여 공부하고 일과 후에도 다양한 사람들을 만나 함께 공부하는 생활을 이어갔다. 고등학교 진학을 위해 불량배 친구들을 모아 함께 공부하고, 전문대 시절에도 부산소프트웨어 모임을 통해 새로운 기술을 공부하던 습관을 계속 이어간 것이다. 공부를 통해 실력이 느는 만큼 상여금도 늘어나 본봉보다 700%나 더 많이 받기도 했다.

이즈음 결혼을 앞두고 회사를 나와 창업을 하였다. 그러나 사업에 실패하여 영세민 전세자금과 대출로 신혼생활을 시작했다. 이는 지금도 씁쓸한 추억으로 남아 있다.

"그즈음이었어요. 컴퓨터 기술 관련 세미나에 참석했는데 수많은 사람 앞에서 어떤 분이 기술 강연을 하고 계시더라고요. 그 많은 청중이 조용히 집중하는 모습을 지켜보는데, 그 강연자가 너무 부러웠어요. 나중에 그분이 마이크로소프트의 MVP인 걸 알게 되었죠."

나중에 그 MVP가 이끄는 기술 커뮤니티에 참여해 보니 함께 공부하는 모습도 정말 멋졌다고 했다. 몇 날 며칠 그 장면을 떠올리며 잠을 설치다 닷넷채널이란 커뮤니티를 만들고 온라인 잡지도 발행했다.

"회원들과 공부만 한 게 아니라 등산도 하고, 다른 커뮤니티와 연합하여 제법 규모가 큰 세미나도 열고, 정말 신나게 공부하며 다양한 사람을 만났어요."

그러던 그에게 드디어 기회가 왔다.

"그때는 전세자금 대출도 갚아야 했고, 가족도 먹여 살려야 했기 때문에 돈을 좀 더 벌 수 있는 프리랜서 생활을 하고 있었습니다. 프리랜서로 LG 프로젝트에 참여하고 있었는데, 리치 인터넷 애플리케이션 기술 분야의 대세였던 어도비 플렉스(Adobe Flex)에 결함이 있는 걸 발견하게 되었습니다. 뭔가 대체할 기술이 없을까 연구하던 중에 마이크로소프트의 WPF(Windows Presentation Foundation) 기술이 장점이 많다는 걸 알게 됐습니다. 그래서 늘 하던 대로 커뮤니티에서 강연도 하고 글도 쓰며 그 기술을 널리 알렸습니다. 관련 기술에 관한 온라인 잡지도 발행했고요."

바로 그 무렵, 정부의 디지털 교과서 프로젝트에 마이크로소프트의 WPF 기술이 채택되었다. 여기저기에서 마이크로소프트 WPF 전문가를 찾느라 혈안이 됐고, 한국 마이크로소프트도 해당 기술 전문가를 직원으로 영입하느라 발등에 불이 떨어졌다.

"당시는 이 기술이 대세가 아니었기에 시장에 전문가가 많지 않았습니다. 하지만 저는 이미 그때 온라인으로 관련 기술에 관한 정보를 많이 공유하고 있었기에 인터넷에서 마이크로소프트 WPF 전문가를 검색하면 제 이름을 쉽게 찾을 수 있었습니다."

이렇게 하여 전문대 출신에 영어 실력도 별로였지만, 마이크로소프트에 당당히 입사하였다. 마이크로소프트에서 정직원 제안이 왔을 때 처음에는 자신의 배경에 자신감이 부족하여 몇 번 거절했다. 그런데도 계속 제안이 들어와 결국은 수락했다. 마이크로소프트 입사 이후에도 신기술은 하루가 멀다고 쏟아져 나왔지만 그는 끄떡없었다. 커뮤니티 리더십을 통한 공부 습관이 탄탄히 자리 잡고 있었기에 오히려 그의 기술 영향력은 끝없이 확장되어 갔다. 커뮤니티 리더십이 한 사람의 인생을 180도 바꿔놓은 것이다.

—
**김영욱 부장의
커뮤니티 공부법
성공 키워드**
—

홀로 공부는 이제 그만,
함께 공부하며 레버리지 효과를 높여라

김영욱 부장은 도서관에서 홀로 책을 읽던 사춘기 시절도 있었지만, 대부분은 사람을 모아 함께 공부했다. 고등학교 입학을 위해서는 동네 불량배 친구들을 모아 함께 공부했다. 또한 선망하는 MVP처럼 되려고 개발자 커뮤니티를 만들어 사람들을 모았고, 새롭게 알게 된 마이크로소프트 WPF 기술도 사람들을 모아 함께 공부하고 나눴다.

"여러 레벨의 사람이 모여 함께 공부하면, 실제 본인의 실력보다 훨씬 빨리 늡니다. 내가 잘 모르는 것을 다른 사람에게 가르쳐 주다 보면 내 지식이 더 확고해집니다. 그리고 내가 잘 모르는 것을 다른 사람은 알고 있을 수도 있습니다. 확실히 커뮤니티 공부는 레버리지 효과가 있는 것 같습니다."

이처럼 학습효과 외에도 대인 관계를 잘 유지하는 능력도 얻을 수 있다. 그는 대인 관계 능력 덕분에 서울 취업의 관문도 뚫고, 이후로 수많은 기회도 잡을 수 있었다.

궁금한 게 생기면 끝까지 파고든다

만약 그가 일개 프리랜서로 참여한 LG전자의 프로젝트에서 Adobe의 Flex에 결함이 있는 걸 알고도 그냥 넘겼다면 현재 그의 삶은 어떻게 되었을까? 만약 그가 목표지향형의 사람이었다면 당시의 궁핍한 상황에 몰두하여 더 많은 프로젝트에 참여하는 것에만 집중하지 않았을까? 혹은 그가 자신의 가치를 올려 업계에서 인정받기 위해 공부하고 노력하는 자아개발자 유형이었다면 어땠을까? 당시 시장에서 아무도 알아주지 않는 마이크로소프트의 WPF 기술에 시간과 열정을 쏟지 않았을 것이다. 물론, 그 이후에 온 기회도 없었을 것이고 말이다. 그가 커뮤니티 리더였기에, 문제를 해결할 수 있는 새로운 기술에 순수한 열정을 불태울 수 있었다.

내가 알고 있는 정보를 가공하여 더 많은 사람에게 전달한다

"내가 공부하는 것도 중요하지만 내가 아는 걸 다른 사람에게 알리는 것도 무척 중요한 것 같아요. 제가 커뮤니티 활동을 몇 년간 하면서 축적해 놓은 지식 정보들 덕분에 WPF 관련 분야 전문가를 온라인에서 찾으면 '김영욱'이란 이름이 자연스럽게 나오는 것처럼 말이에요."

커뮤니티를 통해 김영욱이라는 이름을 만천하에 알릴 수 있었던 것이 지금의 그를 있게 했다. 혹시 소셜미디어에 음식 사진이나 여행 사진, 혹은 그와 관련된 정보만 올리고 있지 않은가? 웹이나 소셜미디어에서 자신을 찾으면 어떤 정보가 나오면 좋을지, 장기적인 계획을 갖고 오늘부터라도 노력해 보면 어떨까? 순수하게 관심이 가는 분야, 다른 사람에게는 다소 생소할 수 있지만 내가 깊이 파고들어 알게 된 지식을 조금씩 나누는 습관을 기른다면 김영욱 부장의 인생역전도 남의 이야기가 아닐 수 있다.

2장

마이크로소프트 시총 1위 탈환의 비밀

COMMUNITY
LEADERSHIP

무엇이 쇠락을 거듭하던 마이크로소프트를 이런 극적인 변화로 이끌었을

까? CEO 한 명 교체했을 뿐인데, 어떻게 늙은 IT 공룡 기업 마이크로소프

트가 하루아침에 날쌔고 잘나가는 최첨단 IT 기업들을 모두 제치고 세계 1

위 기업으로 재도약할 수 있었을까?

스티브 발머
vs. 사티아 나델라

추락하는 마이크로소프트

내가 마이크로소프트에 입사한 해가 2004년이니 올해로 딱 만 15년이 됐다. 이 15년은 마이크로소프트의 흥망성쇠를 모두 담고 있는 한 편의 드라마틱한 다큐멘터리라고 해도 지나치지 않을 것이다.

2004년만 해도 윈도우의 아성은 절대 깨어지지 않을 것 같았다. 마이크로소프트 오피스도 안정적으로 성장하고 있었고, 막 태동하던 온라인·모바일 서비스에서도 인지도를 올리고 있었다. 하지만 지난 20년간 독점적인 지위를 누리던 윈도우의 아성은 애플이 아이폰을 출시하고, 구글이 모바일 운영체제인 안드로이드를 인수하여 서비스하자 여지없이 무너졌다. 게다가 스마트폰과 태블릿이 컴퓨팅(computing) 시장에 가세하면서 마이크로소프트 윈도우의 시장점유율도 큰 폭으로 하락했다.

소비자 시장뿐만이 아니었다. 전 세계 개발자들도 오랜 독점에 반대하며 반(反) 마이크로소프트 진영을 만들며 등을 돌리고 있었다. 게다가 온라인 서점과 쇼핑몰로 거침없이 성장하던 아마존은 클라우드 서비스를 시장에 소개하며 마이크로소프트의 비즈니스 영역 대부분에 큰 영향을 미칠 새로운 시장을 창출하고 있었다.

다급해진 마이크로소프트는 유럽의 모바일 최강자인 노키아를 약 8조에 인수하며 그간의 실책을 만회하려 했다. 하지만 인수한 지 2년도 채 되지 않아 7조 5천억 원 규모의 손실을 기록하며 1만 8천 명의 직원을 구조조정해야만 했다. 그야말로 풍전등화, 일촉즉발의 위기였다. 많은 이들이 '마이크로소프트가 제2의 모토로라가 되는 것은 아닌가'라며 걱정의 눈길을 보내는 것이 전혀 이상하지 않았다.

마이크로소프트를 구한 사티아 나델라 그는 누구인가

이런 위기 앞에 빌 게이츠의 오랜 친구이자 2000년부터 2014년까지 약 14년간 마이크로소프트를 이끌어온 스티브 발머가 사임하고, 그 자리에 퍼블릭 클라우드 '애저(Azure)'의 개발을 성공적으로 지휘한 인도 출신 개발자 사티아 나델라(Satya Nadella)가 신임 회장으로 임명되었다. 빌 게이츠, 스티브 발머야 익히 아는 인물이지만, 사티아 나델라라니. 이름도, 출신국도 낯선 이방인이 마이크로소프트의 세 번째 회장에 올랐을 때 많은 이들이 의아해했다.

그는 대학 졸업 때까지 인도에서 나고 자라서 인도 악센트가 강하게 남아 있는, 그야말로 낯선 인물이었다. 하지만 2014년 2월 그가 회장직을 수행하면서부터, 10년 넘게 주당 30달러대를 넘지 못하던 마이크로소프트의 주가는 4년 동안 쉼 없이 올라 주당 140달러를 넘어섰다. 애플과 구글, 그리고 아마존을 제치고 16년 만에 전세계 시가총액 1위를 탈환하며, 한국 돈으로 약 1,200조를 넘어 1조 달러 클럽을 달성했다. 마치 60대 할아버지가 어느 날 마법의 물약을 마시고 멋진 20대 청년으로 변한 것 같은 기적이 마이크로소프트에 일어난 것이다.

나 말고는 다 틀렸다는 오만

무엇이 쇠락을 거듭하던 마이크로소프트를 이런 극적인 변화로 이끌었을까? CEO 한 명 교체했을 뿐인데, 어떻게 늙은 IT 공룡 기업 마이크로소프트가 하루아침에 날쌔고 잘나가는 최첨단 IT 기업들을 모두 제치고 세계 1위 기업으로 재도약할 수 있었을까?

이유야 한둘이 아니겠지만, 나는 끊임없이 추락하던 스티브 발

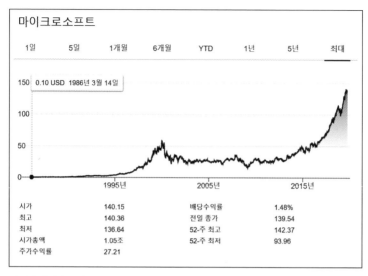

마이크로소프트

| 1일 | 5일 | 1개월 | 6개월 | YTD | 1년 | 5년 | 최대 |

150   0.10 USD 1986년 3월 14일

시가	140.15	배당수익률	1.48%
최고	140.36	전일 종가	139.54
최저	136.64	52-주 최고	142.37
시가총액	1.05조	52-주 최저	93.96
주가수익률	27.21		

사티아 나델라 회장 취임 후 10년 넘게 주당 30달러대를 넘지 못하던 마이크로소프트의
주가는 4년 동안 쉼 없이 올라 주당 140달러를 넘어섰다.

기업	국가	시가총액 USD	시가총액 KRW
마이크로소프트	미국	1조 80억 달러	1279조 원
아마존	미국	9560억 달러	1132조 원
애플	미국	9550억 달러	1131조 원
구글	미국	8630억 달러	1022조 원
페이스북	미국	5700억 달러	675조 원
버크셔 해서웨이	미국	5160억 달러	611조 원
알리바바	중국	4650억 달러	551조 원
텐센트	중국	4500억 달러	553조 원
JP모건 체이스	미국	3770억 달러	446조 원
존슨앤존슨	미국	3470억 달러	411조 원

마이크로소프트는 16년 만에 애플과 구글, 그리고 아마존을 제치고 전 세계 시가총액 1위를
탈환했다.

머 회장 시절 10년과 새롭게 도약하는 사티아 나델라 회장 시절 5년을 모두 겪어 봤기에 이 두 사람이 이끄는 마이크로소프트의 분위기가 매우 달랐다는 것만큼은 확실히 말할 수 있다.

스티브 발머가 이끄는 마이크로소프트는 이미 똑똑하고 성공을 입증한 사람들이 누가 더 똑똑하며, 눈에 보이는 성과를 많이 내는지를 경쟁하는 문화가 있었다. 또한, 부서 이기주의가 극에 달해 각 사업 주체별로 완전히 다른 회사처럼 운영되었다. 윈도우 사업부서는 윈도우 회사, 오피스 사업부서는 오피스 회사처럼 말이다.

워낙 내부 경쟁이 심하고, 우리가 최고라는 엘리트 의식에 젖어 있어서 세상이 어떻게 변하고 있는지에는 도통 관심이 없었다. 그러다 보니 변화에 둔감해지는 것은 당연했다. 스마트폰 시대가 와서 애플 세상이 되었어도 마이크로소프트 직원들은 자신이 사용하지 않으면, 그래서 자기 눈에 띄지만 않으면 애써 그 변화를 모른 척했다. 스티버 발머 회장이 아이폰을 사용하는 직원이 눈에 띄자 그 직원의 아이폰을 빼앗아 던져 버렸다는 일화는 유명하다.

그뿐만이 아니었다. 마이크로소프트의 소프트웨어를 사용하지 않으면 철저히 외면하고 비난했다. 스티브 발머 회장은 마이크로소프트 개발자 생태계에 반기를 들며 탄생한 오픈소스 프로그램을 '암(cancer)'에 비유하며 비난하기도 했다. 한마디로 '나 말고는 다 틀렸다'는 오만함이 팽배해 있었다. 마이크로소프트의 모든 지표가 하향곡선을 그리고 있는데도 시장(market)이 틀렸다고 큰소리를 치고 있었으니, 그 오만함이 어느 정도였는지 잘 알 수 있다.

성장 마인드셋의
놀라운 위력

성장 마인드셋을 장착한 마이크로소프트

사티아 회장은 취임하자마자 이러한 폐쇄적인 문화를 바꾸는 데 온 힘을 다했다. 그러자 절대 변하지 않을 것 같던 회사의 많은 부분이 변하기 시작했다. 내 경험과 사티아 회장이 쓴 《히트 리프레시(Hit Refresh)》를 토대로 그 원인을 분석하면 다음과 같다.

첫째, 늘 공부하는 문화에 대한 강조이다. 사티아 회장이 취임 후 가장 달라진 부분을 말하라면 나는 주저 없이 평생학습을 강조하는 문화의 정착이라고 말하겠다. 사티아 회장은 취임하여 지금까지 성과나 매출 목표를 직원에게 요구한 적이 없다. 대신, 모든 직원에게 끊임없이 성장 마인드셋(growth mindset)을 강조했다. 성장 마인드셋이란 '사람의 지적 능력은 고정된 것이 아니라 지속적으로 향상될 수 있다고 믿는 마음가짐'이다.

스탠퍼드대학 심리학과 캐롤 드웩(Carol Dweck) 교수가 주창한 성장 마인드셋은 이제 마이크로소프트 직원이라면 자다가도 읊을 수 있는 중요한 삶의 지표가 되었다.

성장 마인드셋의 반대는 고정 마인드셋(fixed mindset)이다. 이는 '사람의 능력이나 지적 능력은 타고나는 것, 혹은 변화하기 어렵다고 믿는 마음가짐'을 말한다. 우리가 흔히 아이들을 칭찬할 때 '넌 참 머리가 좋구나', '넌 참 똑똑하구나'와 같이 자신의 노력이 아니라 타고난 무엇을 칭찬하는 경우가 많은데, 바로 이런 것이 고정 마인드셋이다.

고정 마인드셋은 우리 사회에서 흔히 발견할 수 있다. 우리는 보통 좋은 대학을 나온 사람은 똑똑하리라 생각한다. 그래서 학벌로 모든 것을 평가하려 한다. 이런 문화 때문에 아이들은 대입시험을 치를 때까지는 온 힘을 다해 공부하지만, 이후엔 더는 공부하지 않으려고 한다. 이미 자신이 똑똑하다는 걸 증명했기 때문이다. 결혼 전에는 열심히 공부하던 엘리트 여성이 결혼하여 아이를 낳으면 더는 공부하지 않는 것도 고정 마인드셋과 관련 있다.

반면에 성장 마인드셋을 가진 사람은 자신의 능력은 더 성장할 수 있다는 믿음이 있기 때문에 늘 공부하며, 새로운 기술이나 개념을 배우기 위해 노력한다. 사티아 회장 체제의 마이크로소프트에서는 이런 성장 마인드셋을 실천하지 않으면 살아남을 수 없게 되었다.

커뮤니티 리더가 돼라, 포용력과 다양성

두 번째는 인재를 보는 관점의 변화, 즉 공감 능력을 갖춘 리더를 중용한 것이다. 사티아 나델라 회장 자신이 이민자 신분으로 미국에서 살아와서인지, 아니면 장애를 가지고 태어난 자녀를 키워서인지 그의 공감 능력은 타의 추종을 불허한다. 2018년 늦은 가을, 한국을 찾은 그와 짧게 만난 적이 있다. 내가 하는 일과 마이크로소프트의 MVP 프로그램을 소개하는 자리였는데, 따뜻한 미소로 끝까지 경청하는 모습을 보며 마하트마 간디를 살아서 만난다면 이런 느낌이 아닐까 하는 생각이 들기까지 했다.

그래서 그런지 그는 CEO가 된 이후로 마이크로소프트 직원에게 끊임없이 포용력과 다양성을 기를 것을 요구했다. 단지 말로만 그치는 것이 아니라 포용력과 다양성을 기르기 위해 직원 개개인이 어떤 노력을 했는지를 성과 지표에 꼭 넣도록 하고 있다. 그간 성과를 내기 위해 앞만 보며 달리던 직원들이 이제는 '어떻게 하면 장애인을 도울 수 있을지', '성차별을 없애려면 어떻게 해야 할지' 등을 고민하고 있다.

사티아 나델라가 생각하는 마이크로소프트에 필요한 인재는 자신이 가장 뛰어나다고 믿는 사람이 아니다. 쉼 없이 배우고 성장하는 것은 물론, 한 발짝 나아가 구성원의 다양성을 인정하고 포용하는 사람이다. 그러한 공감 능력을 갖추고 구성원이 다 같이 성장하도록 이끄는 사람이 인재인 것이다.

그때는 인재고,
지금은 인재가 아니다

함께 공부해서 고객과 나누는
커뮤니티 리더가 돼라

이러한 사티아 나델라 회장의 인재상에 부합하는 인물로 최고위 경영진이 하나둘씩 교체되었다. 이즈음 내가 속한 조직의 임원도 대거 교체되었다. 하버드 출신의 디렉터가 교체된 것도 이때였다. 하버드 출신답게 정말 완벽주의자였던 디렉터였다. 자신의 높은 기준에 부합하지 않는 아랫사람에게는 일말의 이해심도 발휘하지 않았다. 마음에 들지 않는 직원은 어떠한 수단과 방법을 가리지 않고 내보내는 것으로 유명했다. 하지만 자신이 최고의 엘리트라 생각하며 자신의 길만을 강요하던 그는 더 이상 마이크로소프트의 인재가 될 수 없었다. 수많은 부하 직원을 내보내고 끊임없이 경쟁을 부추기던 그가 마지막 짧은 인사를 남기고 떠날 때는 만감이 교차했다.

새롭게 최고위 임원진이 된 사람들은 확실히 달랐다. 최고 법무 임원(chief legal officer) 브래드 스미스(Brad Smith) 또한 마찬가지다. 사티아 나델라의 리더십을 본받아 마이크로소프트의 글로벌 법무팀을 대폭 변화시켰다. 싱가포르 오피스에 있는 마이크로소프트 윤찬 선임 변호사는 달라진 법무팀의 역할을 이렇게 설명하고 있다.

"과거에는 법무팀 내 변호사들이 법과 계약서만 들여다보는 등 한정된 역할만 수행했다면, 지금은 많이 달라졌어요. 클라우드, 빅데이터, 사물인터넷과 인공지능 등이 급격하게 세상을 바꾸기 시작하면서 기술과 법, 정책과 윤리, 사회적으로 중요한 가치들과 공동체의 문화까지 함께 사고하지 않고서는 접근하기 어려운, 새로운 문제들이 대두되고 있습니다. 새로운 환경이라 그 누구도 이러한 문제들에 대한 해법을 모두 알고 있지는 못해요. 그래서 그 어느 때보다도 공공과 민간의 협력, 사회각층의 활발한 참여와 논의가 중요한 때입니다. 그래서 브래드 스미스는 법무팀 직원들에게 커뮤니티 리더십을 주문했어요. 그 일환으로 B2B 쪽을 담당하는 직원들의 경우에는 제조업, 헬스케어, 교육, 자동차, 리테일 등 인더스트리별로 커뮤니티를 만들어서 고객을 비롯한 이해관계자들의 필요를 두루 파악하고, 우리가 가진 정보와 지식을 이들과 적극적으로 공유함으로써, 결과적으로 정보기술을 적극 활용하여 그 편익은 두루 취하면서도 위험요소들에 대해서는 효과적으로 대처할 수 있는 환경을 조성하는 데 노력하고 있습니다. 조직 내에서 전통적인 법무의 영역과 대외협력 업무의 영역 간에도 이젠 벽이 거의 없습니다. 조직 명칭도 'Corporate, External & Legal Affairs'로 바뀌었는걸요."

이런 방식으로 마이크로소프트의 변호사들은 커뮤니티 리더십을 발휘하여 GDPR(유럽연합 일반개인정보보호법, General Data Protection Regulation)과 같은 전 세계에서 일어나고 있는 법의 변화를 공유하고, 트렌드 및 각종 판례와 케이스를 고객의 입장이 되어 나누는 일에 앞장서고 있다.

"요청이 있지 않는 한 마이크로소프트의 제품을 소개하지는 않아요. 법이 기술의 발전 속도를 따라가지 못하는 상황에서 법률적인 문제를 어떻게 해결해야 할지 고민하는 자리를 마련하고 싶었어요. 모두 새로운 변화가 두렵기도 하고 또 어떻게 대처해야 할지 모르고 있을 때 함께 토론하고 질문하고 해법을 찾아가는 그런 자리를 정말 좋아하고 계속하기를 원하더라고요. 예정된 세미나 시간이 끝나도 남아서 여러 가지 질문을 하고 나중에 이메일로 자료 요청하는 분들도 많아요. 이런 자리를 마련해 줘서 고맙다는 피드백도 종종 듣고요. 이렇게 반응이 뜨겁다 보니 예전에는 느낄 수 없었던 뿌듯함을 많이 느껴요."

한국 마이크로소프트에서 오랫동안 일하고 있는 김금선 변호사의 말이다. 사티아 나델라 회장 이후 마이크로소프트의 법률팀은 기술의 사회공헌, 전 지구를 위한 AI(AI for Earth), 지속가능성, 탄소 배출과 같은 환경문제 등 단순히 한 기업의 이익을 넘어 인류를 위한 정책을 만들고 커뮤니티 리더십을 발휘하는 데 앞장서고 있다.

법무팀뿐만이 아니다. 함께 공부하고 커뮤니티 리더가 되어 나누는 문화가 마이크로소프트 전반에 자리잡게 되었다. 이처럼 커뮤니티 리더야말로 사티아 나델라가 생각하는, 마이크로소프트에 꼭 필요한 최고의 인재이다. 실제로 사티아 나델라가 취임한 이후에 커뮤니티 리더인 마이크로소프트 MVP가 마이크로소프트에 입사하는 비율이 현저히 높아졌다. 덩달아 커뮤니티나 커뮤니티 리더를 관리하는 팀의 위상도 매우 높아졌다. 사티아 나델라 회장이 각국을 방문할 때에는 별도로 MVP들과 담화의 시간을 갖는 것이 중요한 일정이 되었다.

핵심 제품 개발 CVP의
커뮤니티 리더십

외부 피드백에 반응하라

사티아 나델라 회장은 제품을 만드는 프로세스도 대폭 바꾸었다. 외부 피드백에 수시로 반응하며 제품을 만들도록 한 것이다. 그리고 이 두 가지 변화를 토대로 주력 제품도 바꾸었다. 윈도우와 오피스 대신 클라우드 서비스(cloud service)인 애저(Azure)를 주력 제품으로 올려놓았다.

그의 클라우드에 대한 편애는 정말 과하다 싶을 정도였다. 클라우드가 아닌 모든 것은 다 버리겠다는 각오를 한 듯했다. 심지어 마이크로소프트의 주력 제품인 윈도우도 마찬가지였다. 마이크로소프트의 모든 서비스와 제품에서 윈도우 의존도를 대폭 낮추었다. 스티브 발머가 못 잡아먹어 으르렁대던 윈도우의 경쟁 제품인 리눅스(Linux)에 '마이크로소프트는 리눅스를 사랑한다(Microsoft loves Linux)'는 메시지를 보내며 대대적으로 환영했다. 그동안 적대하고 무시하던 오픈소스뿐만 아니라 구글과 애플 등 경쟁사에도 문을 활짝 열었다.

하지만 상황은 녹록지 않았다. 클라우드 서비스를 선점하고 빠르게 시장을 장악하던 아마존의 AWS(Amazon Web Service)가 있었기 때문이다. 구글과 애플이 잘하고 있는 모바일 시장에 마이크로소프트가 들어갔던 상황과 크게 다를 바가 없었다. 정말 천지개벽할 정도로 혁신적이고 훌륭한 서비스를 만들어야만, 클라우드 서비스 부문 1위인 AWS를 제칠 수 있는 상황이었다.

이런 상황에서 사티아 나델라는 스캇 구스리(Scott Guthrie)를 CVP(Chief Vice President)로 임명하고 클라우드 서비스와 이후 AI(인공지능)까지 중책을 맡겼다. 스캇 구스리는 16만 명이 넘는 트위터 팔로워를 가지고 있을 정도로 유명한 IT 커뮤니티 리더이다. 특히 애저 담당 중역이 된 초반에 그는 자신이 즐기는 레드 셔츠(red shirts)를 입고 전 세계 커뮤니티를 돌며 '레드 셔츠 투어'를 할 정도로 커뮤니티를 사랑하는 사람이다.

그는 클라우드 기술자들이 모인 커뮤니티에 팀의 중역들과 함께 참석하여 제품에 대한 피드백을 듣고 바로 제품에 반영될 수 있도록 한다. 또한 자신의 트위터, 오프라인 커뮤니티 모임, 심지어 전 세계 MVP들이 제품 담당자에게 피드백을 보내는 메일링 리스트도 직접 챙긴다.

한번은 내가 속한 조직의 디렉터가 나에게 급한 메일을 보낸 적이 있다. 놀랍게도 한국의 MVP 한 명이 애저 제품 담당자에게 푸념한 것을 스캇 구스리가 읽고 우리 디렉터를 통해 나에게 연락한 것이었다. 나중에 그 MVP는 본사의 초청을 받아 자신이 생각하는 애저의 문제점과 개선안을 애저 개발자 전체 미팅에서 발표까지 하였다. 얼마만큼 외부 피드백에 예민하게 반응하며 개선의 기회를 놓치지 않으려고 노력하는지 알 수 있는 대목이다.

마이크로소프트와 같은 거대 기업에서 핵심 제품을 담당하는 중역이 피드백 하나하나에 이렇게 정성을 들이니 그 아래에서 일하는 사람들은 오죽하겠는가? 직원들은 수시로 외부 환경을 살피고, 제품 출시도 그에 맞추어 실시간으로 진행한다. 그리고 여러 시행착오를 통해 다른 기업이 못한 경험을 내부에 축적할 수 있도록 직원들을 독려한다. 또한, 더 많이 외부에서 듣고, 흐름을 파악하려 애쓰고, 변화를 위해 그동안 관행처럼 행하던 모든 것을 과감히 버린다. 커뮤니티와 함께 정말 놀랍도록 빠르게 변화하고 혁신하는 모습으로 바뀐 것이다.

구글의 AI
vs. 마이크로소프트의 AI

AI 기술, 재앙인가 축복인가?

마지막으로 사티아 나델라 회장이 가진 AI 기술에 대한 열정과 확고한 철학에 관해 얘기를 나누고 싶다. 공상 과학으로만 생각했던 AI, 하지만 우리는 2016년 3월 구글의 인공지능 프로그램 알파고와 이세돌의 세기의 대결을 통해 더는 먼 미래의 일이 아니란 사실을 깨달았다. 우주의 원자 수보다 경우의 수가 많다는 바둑에서 알파고는 이세돌뿐만 아니라 세계 바둑 고수들과 대결하여 60연승을 거두었다. 인간의 참패라고 할 수 있다.

이 대결에서 구글은 자사의 인공지능 기술의 우수성을 대대적으로 홍보하는 데 성공했다. 하지만 우리는 어떤가? 가까운 미래에 우수한 인공지능을 갖춘 기계에 참패하는 모습을 생생히 떠올리며 미래에 대한 불안과 자괴감을 느끼지 않았나? 어른도 이러한데 아이들은 어떻겠는가? 내 아들이 6학년 때, 직업을 조사하고 실제 일하고 있는 사람과 인터뷰를 하는 모둠 과제를 한 적이 있다. 모둠에 참여한 친구들이 제시한 직업은 경찰관 혹은 선생님 같은 다소 전통적인 직업이었다.

"엄마와 함께 일하고 있는 MVP 중에 AI 기술을 연구하는 소프트웨어 엔지니어가 있는데 소개해 줄까? 이런 미래 직업을 조사하는 것도 의미 있지 않을까?"

아들은 그것도 의미 있겠다며 의기양양하게 학교에 갔다. 그런데 수업을 마치고 풀이 죽은 모습으로 집에 돌아왔다.

"엄마, 애들이 AI 너무 싫대. 그것도 너무, 너무, 너무 싫대. 그래서 그냥 경찰관 조사하기로 했어."

사실, 나도 처음 사티아 회장이 AI를 클라우드 다음으로 마이크로소프트가 집중적으로 투자할 기술로 소개했을 때 뭔지 모를 거부감이 있었다. 기계학습, 인공지능 등 도대체 기술의 이름이 하나같이 왜 그 모양인지. 왜 기계가 학습이 필요하고, 왜 인간의 지능을 기계에 주겠다는 건지. 이제 마이크로소프트를 떠나야 하나 진지하게 고민까지 했다. 그 정도로 거부감이 강했다. 우리 아이들의 미래를 위협하는 기술을 만드는 회사에서 일할 수는 없는 노릇이었다.

하지만 이후 사티아 회장이 주도하는 AI 기술의 방향을 알아가며 내 생각에도 조금씩 변화가 생기기 시작했다. 우선 마이크로소프트의 AI 기술을 설명하는 자료에는 대부분 장애인이 등장한다. 그냥 자료에만 등장하는 것이 아니라 실제 기술 개발에 그들은 엔지니어로 참여하기도 한다.

마이크로소프트의 엔지니어인 사킵 사이크(Saqib Shaikh)는 아주 어린 시절에 시력을 완전히 잃어버렸다. 그는 마이크로소프트에 입사한 후, 동료와 함께 시각 인지 기술과 머신 러닝 기술 등 다양한 첨단 기술을 활용하여 마치 선글라스처럼 착용하는 소프트웨어를 개발했다. 그리고 기적같이 그의 깜깜하던 세상이 달라지기 시작했다. 그가 개발한 AI 기술로 식당의 메뉴도 읽을 수 있게 되고, 거리의 위험한 상황도 알 수 있게 된 것이다.

존 마코프의 《축복의 기계 Machines of Loving Grace》라는 책에 이런 말이 있다.

"똑똑한 기계로 가득한 세상을 어떻게 통제할 것인가? 이렇게 어려운 질문에 가장 정확한 답을 찾으려면 실제로 이 시스템을 구축하는 사람들이 어떤 가치를 품고 있는지를 이해하면 된다."

인간에 대한 이해와 연민

사티아 나델라의 AI 기술은 앞서 살펴본 그의 이력에서 알 수 있 듯이, 인간에 대한 이해와 연민을 바탕으로 한다. 그는 AI 기술에 대한 마이크로소프트의 접근법을 다음 세 가지 핵심 원칙에 근거해 설명한다.

첫째, 우리는 AI 기술로 인간의 가능성과 경험을 확대할 것이다. 인간의 재능을 어떤 식으로 인공지능과 결합해 사회를 발전시킬 것인가에 초점을 맞춰야 한다.

둘째, 우리는 인공지능 기술 자체에 신뢰를 쌓아야 한다. 인공지능 장치는 새로운 위협을 감지하고 적절한 보호책을 마련하기 위한 용도로 설계돼야 한다.

셋째, 우리가 개발하는 모든 기술은 모든 사람을 포용하고 존중하면서 문화, 인종, 국적, 경제적 지위, 나이, 성별, 육체적, 정신적 능력 등의 모든 장벽을 초월해 인간을 도와야 한다.

전 세계의 내로라하는 석학들과 기술자들이 지금, 이 순간에도 AI 기술을 더욱 발전시키기 위해 밤낮없이 고민하고 있다. 하지만 모든 과학자와 기술자가 이러한 윤리로 기술 개발에 임하지는 않는다. 그래서 더욱더 인간을 위한 기술 개발이라는 제1원칙을 흔들림 없이 지켜나갈 리더의 존재가 필요하다. 나는 사티아 회장의 인성과 리더십을 직접 경험해 봤기에 그가 이끄는 AI 기술의 장래가 밝다고 확신한다.

CEO 한 명 바뀌었을 뿐인데 마이크로소프트와 같은 거대 기업이 변했다. 그 CEO는 단지 뛰어난 성과만을 강조하는 리더가 아니었다. 늘 공부하는 문화를 기업 곳곳에 심는 리더였다. 공감하는 리더십이 있는 사람을 요직에 배치하고, 직원 한 명, 한 명이 포용력과 다양성을 생활화하도록 열과 성을 다하는 리더였다. 그리고 외부 커뮤니티의 피드백을 적극적으로 받아들여 프로세스를 혁신하고 제품을 실시간으로 업데이트하도록 하는 리더였다.

어떤가? 사티아 나델라야말로 진정한 커뮤니티 리더라 할 수 있지 않을까? 늘 공부하여 공동체의 성장을 이끄는 리더, 더 많이 봉사하고 섬기는 리더, 전 세계 커뮤니티와 교류하며 항상 더 발전된 기술에 귀를 열려고 노력하는 리더, 나만의 이익이 아니라 인류에 공헌할 수 있는 일에 앞장서는 리더, 그야말로 커뮤니티 리더십이 충만한 사람이다. 마이크로소프트의 기적 같은 재기, 마이크로소프트 시가총액 1위 탈환의 비밀이 바로 커뮤니티 리더십에 있다.

널뛰는 이력의 소유자,
MS 대표 기술영업
김성미 이사

고상한 말투와 프로페셔널 한 자세, 항상 에너지 넘치는 김성미 이사. 그런데 그녀는 성장 과정에 관한 인터뷰가 시작되자 첫 마디를 이렇게 시작했다.

"제 인생은 딱 미친년 널뛰기와 같아요."

아니, 이건 또 무슨 말씀이신가? 몇 년을 보아온 김성미 이사와 '미친년 널뛰기'는 아무리 생각해도 매치가 되지 않는 이상한 단어의 조합이었다. 하지만 그녀와 대화를 이어가다 보니 왜 그런 말을 했는지 알게 되었다.

고운 외모와는 달리 그녀의 어린 시절은 가난과 싸워야 하는 고난의 시간이었다. 다섯 형제의 막내라 귀여움을 독차지했을 법도 한데, 부모님의 빚 때문에 그녀뿐만 아니라 형제 모두 공부보다는 당장 밥벌이를 위한 일을 택해야 했다. 당연히 그녀도 대학은 사치에 불과한 꿈이었고 당시 공부 잘하는 가난한 여학생들이 그러하듯 여자 상업고등학교에 입학하였다. 그곳에서 부기와 주산 등 경리나 초보 은행원이 하는 일을 배웠다. 심지어 복사하는 법, 차를 타는 법, 그리고 윗사람에게 차를 가져갈 때는 엉덩이를 보이면 안 된다는 등 지금으로서는 상상도 하지 못할 직장 예절까지 진지하게 배웠다고 한다.

그녀는 사회생활의 첫발을 한국 오라클의 경리로 내디뎠다. 회사의 곳간을 관리하는 업무이긴 했으나, 경리 직원의 의견을 그 누구도 진지하게 들어주지 않았다. 시간이 지날수록 그들만의 리그에 회의가 들었다. 공부를 더 해 대학을 가고 싶다고 가족에게 얘기했으나 누구 하나 응원해 주는 사람이 없었다. 게다가 그간 모은 돈은 부모님 빚을 갚는 데 모두 써 남은 게 없었다. 하지만 김성미 이사는 대학 입시가 3개월밖에 남지 않은 10월에 퇴사했다. 택시 운전을 하던 큰 오빠가 야간 초과 근무로 한 달 치 종합학원 학원비를 지원해 주기로 했기 때문이었다. 이 무모해 보이는 도전으로 그녀의 인생은 최대의 전환기를 맞게 된다.

"유흥업소가 즐비한 천호동에 있던, 정말 보잘것없는 종합학원이었어요. 학원에서 2개월 남짓 남은 대학입시를 치르기 위해 공부하던 어느 추운 날 저녁으로 기억해요. 자율학습 시간에 혼자 책을 보며 공부하고 있는데 갑자기 뒤통수를 한 대 세게 얻어맞는 듯한 느낌이 드는 거예요. 그때 깨달음이 어쩌나 강렬했던지… 그런 느낌은 생전 처음이었어요.”

그때 그녀가 강렬하게 깨달은 것은 무엇이었을까? 무엇이 그녀를 그토록 각성하게 한 것일까? 그것은 바로 그녀가 열심히 배운 공부의 실체가 무엇인지 비로소 알게 되었기 때문이었다. ‘스스로 생각하지 못하도록 하는 공부’, ‘시키는 대로 고분고분 기계적으로 하는 공부’였던 것이다.

그녀는 거기에 길들어 회사에서 ‘복사해 와라’, ‘커피 타 와라’ 같은 기계적인 요구를 끊임없이 해와도 단 한 번도 이상하게 생각해 본 적 없었던 자신에 대한 회의가 물밀 듯이 몰려왔다. 그리고 이 사회와 자신을 그렇게 가르친 여상의 교육 체계에 말로 표현할 수 없는 분노가 치밀어 올랐다. 가난 때문에 억울한 걸 억울한지도 모르고 하루하루 살아남기에 급급했던 자신의 처지가 너무 서글펐다. 수업이 끝나고도 한참을 자리를 뜰 수가 없었다. 억울함과 분노, 그리고 이제라도 깨달았다는 희열로 감정을 주체할 수 없어 한참을 흐느껴 울었다고 한다.

그렇게 그녀는 태곳적부터 있었던 것처럼 단단하게 그녀를 감싸고 있던 가난과 그로 인해 태생적으로 터득한 체념과 순응이라는 껍질을 온 힘을 다해 깨부쉈다. 그리고 한 달 한 달의 학원비를 겨우 마련하여 3개월 만에 숭의여전 경영학과에 들어갔다. 그때부터 스스로 생각하고, 주도하는 공부를 천천히 그러나 확실하게 터득하기 시작했다.

우선은 영어 공부였다. 그녀는 사회생활을 시작하면서부터 꽤 오랜 기간 새벽에 영어 학원에 다녔다. 물론, 이렇게 공부하는 사람은 많다. 그러나 그녀의 영어 공부는 학원에 다니는 것으로 그치지 않았다. 그녀는 주변에 영어를 공부하고 싶어 하는 친구나 선후배를 모았다. 그리고 스터디를 만들자고 제안했다. 자신이 제안해서 만든 모임이기에 가장 많이 공부하고, 성공적인 스터디를 위해 가장 많은 일을 했다. 커뮤니티 리더십을 십분 발휘한 것이다.

전문대 졸업 후 이화다이아몬드라는 작은 기업에서 일하면서도 방송대학교에서 공부를 이어나갔다. 그리고 커뮤니티 공부도 쉬지 않았다. 그러는 와중에 IMF 외환위기 사태가 터졌다. 그 시대 많은 이들이 그랬던 것처럼 그녀도 일자리를 잃었다. 국가에서 제공한 재취업 교육을 받으며 하루하루를 버텼다. 그러나 그런 상황에서도 커뮤니티 공부는 쉬지 않고 이어나갔다.

"생전 처음 웹 프로그래밍을 배우며 전산을 공부하기 시작했어요. 처음엔 무슨 말인지 전혀 못 알아듣겠더라고요. 그래서 같이 공부할 사람을 모았죠. 그간의 경험으로 함께 공부의 힘을 온전히 믿고 있었거든요."

결국 함께 공부한 커뮤니티 멤버 모두 3개월 후 자바(Java) 자격증을 취득했다. 서로 끌어주고 다독여 가며, 힘들지만 즐겁게 공부한 결과였다. 자격증을 취득한 후에는 자바 강사가 되어 2년 동안 가르쳤다. 가르치면서 학생보다 자신이 더 많이 배웠다. 가르치는 공부의 효과를 톡톡히 본 것이다. 이렇게 습득한 지식은 웹로직이라는 자바 기반 미들웨어를 파는 회사에서 빛을 보기 시작했다.

"농협이나 수협 등 자바가 뭔지 전혀 모르는 부장님, 이사님에게 웹로직의 미들웨어를 팔아야 했어요. 그런데 저는 제품 얘기는 거의 하지 않고 자바의 특징과 장점을 학생들에게 가르치는 것처럼 그분들께 친절히 가르쳐드렸어요."

그녀의 설명을 들은 고객들은 세일즈 피치가 아닌, 강의를 들은 것 같은 만족감을 느꼈다. 그녀에게 제품을 사고 싶어 하는 것은 어찌 보면 당연한 결과였다. 5년간 신나게 일했다. 그녀의 영업 능력에 관한 입소문이 업계에 퍼져나갔다. 그녀는 씨트릭스라는 회사를 거쳐 마이크로소프트로 이직했다.

"회사가 클라우드 제품에 주력하며 기존 기술 영업 방식이 완전히 달라지고 있어요. 또 열심히 공부해야죠. 다른 사람과 함께요. 저는 함께하는 공부의 힘을 정말로 확신하거든요."

커뮤니티 공부의 마스터가 된 김성미 이사. 이런 그녀에게 세상이 어떻게 바뀐들 무엇이 문제 될까? 앞으로 그녀의 앞날에 펼쳐질 무한한 가능성과 성장이 벌써 기대된다.

—
**김성미 이사의
커뮤니티 공부
성공 키워드**
—

커뮤니티의 집단지성과 실행력을 믿어라

김성미 이사는 일을 위한 공부뿐 아니라 취미 생활도 커뮤니티 공부를 100% 활용한다. 그만큼 이 공부법의 위력을 알고 있기 때문이다. 그녀는 일뿐만 아니라 운동도 정말 열정적으로 한다. 보디빌딩, 골프, 생활체육까지. 물론 운동도 같이할 사람을 모아서 한다.

"새로운 일을 시작하면, 어디서부터 손대야 할지 모르는 것은 기본이고, 어렵게 시작했다 해도 그걸 유지하는 건 상당히 어려운 일이에요. 이럴 때 커뮤니티를 만들고, 회원들과 적극적으로 교류하면 상당한 힘을 발휘합니다."

새로운 것을 배울 때 여러 사람이 모여 같이 하면, 혼자 할 때보다 시행착오도 줄이고 배우는 시간도 줄일 수 있다. 심지어 다이어트를 할 때도 함께하면 서로 매니저 역할을 하며 이끌어주기 때문에 잠시 템포를 놓치더라도 쉽게 제자리로 돌아올 수 있다.

사람과 함께해야 진짜 공부

그녀에게 공부란 '인생이 성숙하는 과정'이다. 그녀가 가난이라는 굴레에서 빠져나와 한 뼘, 한 뼘 자라도록 도운 것은 다름 아닌 공부였다. 공부 방법은 다양하다. 책을 보며 열심히 머리에 집어넣는 이론 공부부터, 선후배가 하는 걸 따라 해보는 공부, 그리고 다른 사람의 실수를 보고, 하지 말아야 할 것을 자연스레 깨우치는 '타산지석'의 공부까지! 이같이 다양한 공부의 과정에서 스스로 한 땀 한 땀 채워 넣는 것도 중요하지만 같이함으로써 자연스레 몸과 마음으로 젖어 들게 하면 배움이 더욱더 크다고 그녀는 말한다.

"대학 공부는 중·고등학교 때보다 자유롭기는 하지만 교수로부터 학생으로 이어지는 일방적인 흐름은 마찬가지죠. 반면 커뮤니티 공부는 관심과 목표가 비슷한 사람이 모여, 서로 협조하고 공유하는 양방향적인 공부입니다. 이게 일반적인 공부와 커뮤니티 공부의 가장 큰 차이점이라고 생각합니다."

선의가 선의를 낳는다. 나눌수록 커지는 마법

"저는 선의와 공유의 힘을 강하게 믿습니다."

그녀는 이렇게 말하며 자신만을 위해 공부할 때보다 '다른 사람에게도 도움이 되도록 공유한다'라는 선의로 공부할 때 엔도르핀이 생성되는 것을 여러 번 느꼈다고 했다. 또한, 그녀가 여러 개의 스터디 그룹 및 전문가 그룹을 모집하고 운영해 본 결과, 자기 것을 나누고자 할 때 진정한 깨달음이 왔다고도 했다. "아마도 내 것을 나누고자 할 때, 상대방이 잘 이해할 수 있도록 더욱 정성을 들이기 때문에 그런 것 같다"고 했다.
이렇게 선의로 시작한 스터디는 그녀에게 큰 도움이 되었다고 했다. 열심히 함께하는 멤버들은 물론, 내 마음 같지 않은 멤버들에게서도 배우는 것이 많았다고 했다. 이처럼 커뮤니티 공부는 그녀의 리더십을 한층 더 높이는 데 큰 역할을 했다. 어떤 모임에서 건 그녀가 자기소개만 해도 회장 자리에 늘 추대되는 것에는 이런 비밀이 숨어 있다.

3장

왜 세계 최고의 기업들은 커뮤니티 리더를 주목하는가

커뮤니티 리더는 당장의 눈앞의 이익이나 자신의 목표만을 위해 혼자 공부하는 사람이 아니다. 커뮤니티 리더는 커뮤니티가 다 같이 성장할 수 있는 방향으로 함께 공부하고 지식을 나누는 사람이다. 그런데 이런 커뮤니티 리더를 기업이 원하는 이유가 무엇일까?

세계 최고 기업들이
커뮤니티 리더를 주목하는 이유

많은 사람과 혜택을 나누고 싶어 하는
커뮤니티 리더

커뮤니티 리더는 당장의 눈앞의 이익이나 자신의 목표만을 위해 혼자 공부하는 사람이 아니다. 커뮤니티 리더는 커뮤니티가 다 같이 성장할 수 있는 방향으로 함께 공부하고 지식을 나누는 사람이다. 그런데 이런 커뮤니티 리더를 기업이 원하는 이유가 무엇일까? 당장 돈을 벌어다 주는 것도 아니고, 기업의 나팔수 역할을 하는 것도 아닌데 말이다.

마이크로소프트와 같은 글로벌 대기업은 커뮤니티 리더를 발굴하고 지원하는 일에 열심이다. MVP라는 상까지 만들어 매년 수천 명에게 수여 한다. 그것도 한두 해 하다 만 것이 아니라 무려 25년 동안 유지해오고 있다. 마이크로소프트뿐만 아니라 아마존, 구글, 페이스북과 같은 기업들도 수백, 수천억 원의 예산을 쏟아부어 커뮤니티 리더를 지원, 육성하고 있다. 최근에는 그러한 행보가 더욱 가속화되어 이들 기업이 직·간접적으로 지원하는 커뮤니티 행사는 일일이 열거하기도 힘들 정도다.

그렇다면 왜 세계 유수의 기업이 당장 이익이 안 되는 커뮤니티와 커뮤니티 리더에 주목하는 것일까? 왜냐하면 커뮤니티 리더십이 IT 기업의 흥망성쇠에 큰 영향을 끼치기 때문이다.

IT는 Information Technology의 약자이다. 즉, IT 기업은 지식과 정보를 다루는 기술을 가진 기업이다. 마이크로소프트만 봐도 컴퓨터를 직접 생산해서 성장한 것이 아니라, 컴퓨터가 작동될 수 있도록 돕는 소프트웨어인 윈도우로 성장했다. 또 기업이 생산, 판매할 때 필요한 정보를 쉽게 가공할 수 있도록 만든 소프트웨어인 오피스로 발전해 왔다. 구글도 자신이 원하는 정보를 찾기 쉽도록 뛰어난 검색 엔진을 제공하여 발전해 왔다.

이처럼 IT 기업은 무형의 정보를 다루는 기술에 근간하여 다른 산업 영역과 결합할 때 비즈니스 기회가 생긴다. 결국, 더 많은 정보를 적재적소에 응용하고 비즈니스 프로세스를 개선할 수 있어야만 IT 기업은 매출을 올릴 수 있다. 따라서 제품 설계 단계에서부터 외부 정보를 유기적으로 흡수하고 분석해야 한다. 또한, 실수요자로부터 수없이 많은 피드백을 받아야 하고, 실시간으로 수정할 수 있어야 한다. 그런 과정을 거쳐서 만든 소프트웨어라야만 출시 이후에 소비자에게 환영받을 수 있다.

그렇다면 기업의 소프트웨어 개발 과정에서 유의미한 피드백을 줄 수 있는 사람은 누구일까? 당연히 기술에 대한 이해도가 평균보다 높은 사람이어야 한다. 하지만 기술 이해도가 높다고 해서 이런 피드백을 자발적으로 제공하지는 않는다. 자기의 지식과 정보를 공유하여 더 나은 제품을 만드는 데 기여하고 싶은 사람만이 피드백을 한다. 이들이 피드백을 하는 이유는 더 많은 사람과 기술 발전의 혜택을 나누고 싶어 하기 때문이다. 이런 마음으로 움직이는 사람이 바로 커뮤니티 리더이다. 세계 곳곳의 커뮤니티 리더가 제공하는 각종 피드백은 IT 기업이 더 나은 제품을 출시하는 데 중요한 역할을 한다. 이것이 세계 유수의 IT 기업이 커뮤니티 리더를 모시기 위해 혈안인 첫 번째 이유이다.

커뮤니티 리더의 영향력

두 번째 이유는 이런 커뮤니티 리더가 다른 IT 기술자에게 미치는 영향력이다. 커뮤니티 리더는 적게는 수십 명, 많게는 수백만의 사람을 유·무형의 형태로 이끌고 있다. 어떤 이는 블로그의 글로, 어떤 이는 트위터나 페이스북과 같은 소셜미디어로 수많은 사람에게 영향력을 미친다. 또한, 커뮤니티를 만들거나 스터디 그룹을 만들어 사람들을 이끌기도 하고, 책이나 강연으로 사람들에게 영향력을 미치기도 한다.

제품 제작 단계에서도 커뮤니티 리더의 의견이나 피드백이 매우 중요하지만, 제품을 만든 이후도 마찬가지다. 소프트웨어는 무형의 제품이기 때문에 소비재와 같이 전통적인 마케팅을 할 수 없다. 또한, 소프트웨어는 구매하는 사람의 기술 이해력이 매우 중요하다. 따라서 커뮤니티 리더가 긍정적인 여론을 형성하거나 구매자의 이해를 돕는 등, 제품 출시 초기 단계에서 홍보에 도움을 준다면 향후 판매에 큰 도움이 된다. 바로 이것이 커뮤니티 리더를 육성하고 지원하는 두 번째 이유이다.

IT 기업의 인적 자원인 커뮤니티 리더

세 번째 이유는 IT 기업의 가장 중요한 자산인 인적 자원 확보를 위해서다. 지식정보 산업은 근본적으로 인적 자원 확보가 가장 중요하다. 유형의 제품을 만드는 것이 아니기 때문에 천연자원이 필요하지도, 공장을 지을 부지가 필요하지도 않다. 다만, 기술 숙련도가 높고, 정보 가공 능력이 뛰어나며, 다른 기술자와 협력하여 시장이 원하는 완성도 높은 소프트웨어를 만들 수 있는 인적 자원이 필요할 뿐이다. 이런 이유로 세계 최고 IT 기업은 인재를 확보하기 위해 말 그대로 총성 없는 전쟁을 하고 있다.

　세계 최고 IT 기업은 인재를 확보할 때, 전통적인 방식만을 사용하지 않는다. 각종 콘퍼런스에서 발표할 기회를 주어 인재를 발굴하기도 하고, 각종 해커톤을 기획하여 인재를 채용하기도 한다. 외국 기업뿐만이 아니다. 내가 아는 국내 IT 기업은 스타트업에 있는 인재를 영입하기 위해 그 기업을 통째로 인수하기도 했다.

　이렇듯 많은 IT 기업이 인재 확보를 위해 사활을 걸고 매우 다양한 방식을 활용하고 있다. 그중 커뮤니티 리더를 육성하고 지원하여 향후 직원으로 영입하는 방식은 이제는 고전적인 방법이 되었을 정도로 흔하다.

커뮤니티 리더를 발굴하고 그들과 협력하는 기업들

　결론적으로 세계 최고 IT 기업들은 커뮤니티 리더를 통해 시장의 목소리를 반영하므로 제품의 오류나 실패 확률을 낮출 수 있다. 특히, 더 좋은 기술을 만들기 위해서는 수준 높은 피드백이 필요한데, 커뮤니티 리더의 열정 어린 조언이 큰 역할을 한다. 그리고 제품을 출시한 이후에도 커뮤니티 리더를 통해 효과적인 홍보를 할 수 있다. 커뮤니티 리더가 시장에 미치는 영향력이 크기 때문이다. 또한 커뮤니티 리더십으로 기술력과 네트워킹 능력을 입증한 인재들은 IT 기업의 중요한 인적 자산이 될 확률이 높다. 그렇기 때문에 IT 기업들이 앞다투어 그들을 키우고 직원으로 영입하려고 하는 것이다.

최근에는 IT 기업뿐 아니라 세계 최대 공유 숙박 서비스인 에어비앤비, 공유 오피스 서비스인 위워크가 커뮤니티를 자신의 비즈니스 중심에 두어 큰 성공을 거두었다. 에어비앤비는 자신의 집을 제공하는 전 세계의 호스트를 단순히 서비스 이용자로 여기지 않는다. 이들을 에어비앤비의 성장과 함께 커나갈 '커뮤니티'로 엮어 끊임없이 소통하며 지속적인 관계를 형성하기 위해 최선을 다하고 있다.

나와 동료인 유럽 리전 매니저도 에어비앤비의 커뮤니티 매니저로 일하다 1년 전쯤 마이크로소프트로 옮겨왔다. 그녀의 말에 의하면 이 호스트 커뮤니티는 에어비앤비가 새롭게 선보이는 거의 모든 서비스와 콘텐츠에 의견을 제시하며, 그들의 충성도 덕분에 에어비엔비의 비즈니스는 더욱 확장되어 가고 있다고 한다.

마찬가지로 전 세계 스타트업의 산실인 위워크도 자사 오피스에 입점한 다양한 사람을 단순한 고객이 아닌 커뮤니티로 엮어내고 있다. 그들이 소통하고 네트워크를 형성할 수 있도록 다양한 행사를 주최하고 지원하는 것이다.

다시 말해, 한 번 구매하면 관계가 끊어지던 고객과의 관계를 신뢰와 로열티를 바탕으로 지속 가능한 관계로 바꾸면서 놀라운 마케팅 효과를 거둔 것이다. 《포노사피엔스》의 저자 최재붕 성균관

대학교 교수는 이러한 관계를 팬덤이라고 설명하며 다양한 사례를 들고 있다. 팬덤을 일으킬만한 킬러콘텐츠를 보유하고 스마트폰이 몸의 일부가 된 포노사피엔스들의 마음을 사로잡는 것이 기업들이 추구해야 할 방향이라고 하면서 말이다. 일례로 BTS의 아미들과 중국에서 수조 원의 매출을 일으키는 팬덤 소비를 소개하고 있다.

그런데 전 세계적으로는 팬덤이란 용어보다는 커뮤니티라는 용어가 더 널리, 그리고 상위 개념으로 쓰이고 있다. 어떤 용어로 불리든 수많은 기업이 차세대 소비자 발굴 전략으로 '커뮤니티'에 주목하고 있는 것은 사실이다. 앞으로 더욱 다양한 분야의 기업, 조직에서 커뮤니티 리더를 발굴하고 협력하고자 노력할 것으로 예상된다.

아마존의 인재 기준,
14 Principle

리더십으로 무장한 아마존 직원

15년 전 마이크로소프트에 비슷한 시기에 입사하여 함께 웃고, 울며 어려운 시간을 보낸 친구이자 동료가 한국 아마존 AWS(Amazon Web Services)에 입사했다. 글로벌 시장에서는 마이크로소프트의 클라우드 서비스가 아마존의 AWS를 거의 따라잡았고, 시가총액도 가볍게 눌렀다. 하지만 한국 시장으로 한정하면, 아직 AWS의 클라우드 서비스를 따라잡기에는 역부족이다. 궁금했다. 도대체 뭐가 다르기에 한국에서 아마존의 성장이 파죽지세인지.

"다른 건 잘 모르겠는데 AWS가 사람 뽑을 때는 좀 철저하더라. 14

개 리더십 원칙(14 Leadership Principle)이란 게 있는데, 거기에 맞는 사람을 뽑으려고 철저히 검증해. 그리고 매일매일, 이 리더십 원칙에 맞게 일하는지도 점검하고….”

회사가 원하는 리더십 원칙을 세우고 모든 직원이 이 원칙에 따라 리더십을 발휘하기를 바라는 회사가 있다는 것이 신선하고 놀라웠다. 아마존은 전 세계에서 가장 잘나가는 기업답게 전 직원의 리더화를 목표로 하고 있었다.

궁금한 마음에 아마존 공식 채용 페이지(https://www.amazon.jobs/en/principles)에서 아마존의 인재기준인 14개 리더십 원칙을 찾아보았다. 지면 관계상 제목만 번역했다. 각 원칙별로 설명이 친절하게 잘 되어 있으니 한 번쯤 찾아보면 좋겠다.

1. 고객에 집착한다(Customer Obsession)

2. 주인의식을 가진다(Ownership)

3. 발명하고 간소화한다(Invent and simplify)

4. 리더는 옳다, 대부분(Are Right, A Lot)

5. 늘 배우고 호기심을 잃지 않는다(Learn and be curious)

6. 최고 인재를 채용하고 성장시킨다(Hire and develop the best)

7. 최고의 기준을 고집한다(Insist on the highest standards)

8. 크게 생각한다(Think big)

9. 신속하게 판단하고 행동한다(Bias for action)

10. 근검절약을 실천한다(Frugality)

11. 다른 사람의 신뢰를 얻는다(Earn trust)

12. 깊게 파고든다(Dive deep)

13. 쉽게 타협하지 않되 결정되면 헌신한다

    (Have backbone; disagree and commit)

14. 결과를 가져온다(Deliver results)

이런 리더십을 가진 사람을 모아 일을 하면 어떤 일이 벌어지는 지 우리는 안다. 아마존의 CEO 제프 베조스(Jeff Bezos)의 어머니는 고등학생일 때 임신하여 그를 낳았다. 그의 부모는 곧 이혼했고, 제프 베조스는 양아버지와 어머니 밑에서 자랐다. 창고에서 인터 넷 서점 사업을 시작했을 때 3억 원의 창업 자금을 지원한 것은 그 의 양아버지였다.

물론 제프 베조스의 능력과 도전 정신이 그를 성공으로 이끌었 지만, 본인 혼자 똑똑하고 훌륭하다고 해서 그 정도로 성공할 수는 없다. 아마존이 세계적인 기업으로 성장한 것은 모든 직원을 리더 십으로 무장시켰기 때문이다.

그렇다면, 아마존이 원하는 세계 최고 인재가 되기 위해서는 어 떻게 해야 할까? 14개 리더십 원칙을 책상 앞에 붙여 놓고 외우기 만 하면 될까? 아마존은 자사에 취업하기 위해 문을 두드리는 수없 이 많은 사람을 어떻게 검증하는 것일까?

인터뷰를 통한 철저한 검증

나도 아시아 리전 매니저이다 보니 같이 일할 팀원을 뽑기 위해 수많은 인터뷰를 한다. 최근에는 일본에서 일할 팀원 한 명과 호주에서 일할 팀원 한 명을 전화 인터뷰로 채용했다.

한 명의 직원을 채용하기 위해 다양한 사람으로 구성된 인터뷰 팀을 구성한다. 보통은 본 팀 매니저, 연관된 팀의 매니저 등 5~6명 정도로 구성한다. 채용 대상자는 이 팀과 1:1 혹은 그룹 인터뷰를 하게 된다. 이 부분은 아마존도, 다른 외국계 기업도 비슷하다. 아마존은 여기에 바 레이저(Bar Raiser)라는 100회 이상 인터뷰에 참여한 직원의 인터뷰를 한 차례 더한다고 한다. 신입 직원의 수준을 평균 이상으로 유지하기 위한 방법이라고 하니 정말 철저하다고 하겠다.

아무튼 채용의 핵심 과정은 인터뷰이다. 내가 외국에서 일할 직원을 뽑을 때를 떠올려 보면, 그들이 이력서에 적은 대학이나 학과는 기억이 나지도 않는다. 어차피 각 나라의 대표 대학을 빼고는 어떤 대학이 좋은 대학인지 알기 어렵기 때문이다.

인터뷰를 통해 철저하게 검증하는 부분은 그 사람의 과거 행적과 인터뷰 과정에서 보이는 태도이다. 직무와 관련된 실제 경험을 구체적이고 세세하게 검증한다. 마이크로소프트도 아마존과 비슷한 채용 기준을 가지고 있다. 이 사람이 늘 배우는 자세를 가졌는지, 자신이 맡을 직무를 완벽히 이해하고 숙지하고 있는지, 회사가

지향하는 최고 수준의 인격과 실력을 갖추고 있는지 등을 기준으로 인터뷰 대상자를 판단한다.

채용 과정을 구체적으로 알고 나면 실제 경험이 얼마나 중요한지 알 수 있다. 실제 경험을 해보지 않고는 아무리 다양한 지식을 머리에 넣고 있어도 첫 번째 인터뷰도 통과하기 어렵다. 물론, 그 경험이 꼭 큰 회사에서 쌓은 경험일 필요는 없다.

내가 호주 직원을 뽑을 때 매우 인상적인 지원자가 있었다. 이제 막 대학을 졸업하고 중소기업에서 일하던 사람이었다. 커뮤니티 매니저 일을 하지는 않았지만, 대학을 다닐 때 마을 커뮤니티 행사의 성공을 위해 자신이 한 일들을 실감 나게 얘기해 주었다. 어떻게 마을 사람들을 설득했는지, 필요한 경비 마련을 위해 어떤 전략을 가지고 지자체 공무원을 설득했는지, 부족한 지식을 보충하기 위해 어떻게 공부했는지, 어떻게 행사를 진행했고 그 결과가 어땠는지 등등. 이런 살아 있는 경험을 들음으로써 그가 일을 대하는 태도, 배움의 자세와 주인의식 등을 확인할 수 있었다. 여러 이유로 이 지원자를 우리 팀에서 뽑지는 못했지만, 얼마 지나지 않아 호주 마이크로소프트의 다른 팀에 채용되었다고 하니 사람 보는 눈은 모두 비슷한 것 같다.

리더가 되어 무언가를 해본 경험 없이 리더십을 기를 수는 없다. 리더가 되어 작더라도 성공을 해보면 그다음 성공의 물꼬를 트기 쉽다. 아마존의 사례에서 보듯, 리더십은 더 큰 꿈을 꾸는 이에게 꼭 필요한 덕목이다. 지금 자신이 어디에 있는지는 중요하지 않다. 세계 최고 인재가 될 수 없다고 지레 단정 짓지 말라는 말이다. 세계 최고 기업 아마존의 인재 기준을 면밀히 살펴보며 공부하는 태도, 일하는 자세를 업그레이드하면 된다. 리더십을 기를 수 없는 직무나 환경에 있다고, 혹은 취업조차 못 했다고 실망할 필요도 없다. 회사가 아니어도 커뮤니티에서 이런 리더십을 충분히 연마할 수 있다. 내가 만난 수없이 많은 커뮤니티 리더가 산 증인이며 나 또한 그 증인 중 한 명이다.

샤오미 팬 커뮤니티,
미펀

다양한 사람이 모이도록 판을 까는 기업들

세계 최고 IT 기업들이 왜 커뮤니티 리더를 주목하고 중요하게 생각하는지는 앞서 상세히 살펴보았다. 마이크로소프트가 MSP (Microsoft Student Program)와 MVP(Microsoft Most Valuable Professional) 를 운영하듯이 구글은 GDG(Google Developer Group), 페이스북 은 Developer Circle 그리고 애플은 WWDC(World Wide Developer Conference) 장학 제도를 운영하고 있다. 최근에 건국대학교 이재성 학생이 독학으로 코딩을 공부하여 AR 기술을 활용한 심폐소생술 교육 프로그램을 만들었는데, 2019년 WWDC 장학생으로 선정되어 신문에 나기도 했다.

이 기업들이 운영하는 개발자 콘퍼런스도 규모가 어마어마하다. 마이크로소프트의 빌드(Build)와 같은 개발자 행사는 티켓 값이 몇 백만 원에 달해도 수 만장의 티켓이 하루 이틀이면 매진된다. 직원이 세션 진행을 하기도 하지만, 전 세계 커뮤니티 리더가 직접 세션을 진행하기도 한다. 마이크로소프트의 기술을 사랑하는 사람이라면 누구나 행사의 메인 발표자가 될 수도 있다. 실제로 호주에 사는 유정협 MVP는 제반 경비를 지원받고 미국에서 열린 또 다른 마이크로소프트 개발자 행사인 이그나이트(Ignite)에서 마음껏 기량을 펼쳤다. 한동안 그의 소셜미디어는 자부심 넘치는 발표 소감으로 넘쳐났다. 그리고 최근 마이크로소프트에 입사한다는 소식을 전해왔다. 마이크로소프트뿐만이 아니다. 크건 작건 미국의 기업들은 다양한 사람이 모여 맘껏 뛰어놀며 성장할 수 있도록 판을 까는 데 투자를 아끼지 않는다. 판을 깔아 사람이 모이면 인재도 모이고 고객도 모인다는 것을 알기 때문이다.

샤오미의 성장을 견인한 '미펀'

혹자는 그럴 것이다. 돈이 많은 미국 기업이나 그럴 수 있는 것 아니냐고? 당장 돈이 되지 않는 커뮤니티에 투자하는 것이 말이 되냐고? 하지만 중국 샤오미의 성장을 견인한 '미펀(米粉, 샤오미의 팬 커뮤니티)'을 보면 생각이 달라질 것이다. 이들은 애플 마니아와 같이 어떤 제품을 열렬히 좋아하는 단순 팬과는 다르다. 제품의 기획 및 개발에 직접 참여하기 때문이다.

샤오미 스마트폰 운영체제(OS)인 '미유아이(MIUI)'는 미펀의 피드백을 일주일 단위로 반영해 매주 금요일 오후 5시에 업데이트한다. 이런 전략은 샤오미가 창업할 때부터 적용했다. 샤오미는 '미유아이'를 처음 개발할 때부터 미펀 100명을 초대하여 '알파 테스트' 단계부터 참여시켰다.

초기 제품 개발에 참여했던 100명의 열성 미펀은 현재 1,400만 명으로 불어났다. 이들이 제품 개발에 참여하는 데서 느낀 자부심이 샤오미에 대한 애정으로 변하고, 그 애정이 주변 사람을 끌어들여 세가 불어난 것이다. 현재 미펀이 중국 각지에서 여는 지역별 모임만도 연간 300회에 이른다. 매일 한 건의 팬 모임이 있는 셈이다. 샤오미 개발자들의 핵심 업무 역시 '미펀'과 소통하는 것이다.

미펀의 요구에 맞춰 서비스를 개선하는 부분은 마이크로소프트의 MVP와 비슷한 면이 있다. 샤오미의 공동창업자이며 마케팅 책임자인 리완창(黎萬强)은 '참여감'을 샤오미의 중요 성공 요인으로 꼽으며 다음과 같이 말했다.

"요즘 젊은이들은 기능이나 브랜드를 소비하는 게 아니다. 참여를 통한 성취감을 소비한다."

우리 집에도 최근 로봇 청소기를 들이며 샤오미 브랜드를 처음

접하게 되었다. 솔직히 중국 브랜드라 무시하는 마음이 없지 않았다. 하지만 온갖 소셜미디어를 뒤져 가성비 최고의 제품을 찾아냈다고 확신에 차 있는 남편의 고집을 꺾지 못해 들이게 되었다. 지금은 내 최애템(최고로 애정하는 아이템)이 되었다. 몇 배 더 비싼 국내 대기업 제품에 절대 뒤처지지 않는다. 실제 국내에서도 합리적 소비를 하려는 소비자들에게서 샤오미가 자주 거론되고 있다. 삼성전자, LG전자가 장악하고 있는 국내 전자제품 시장에 샤오미가 작은 균열을 낸 것은 틀림없는 것 같다.

삼성도 이러한 개발자 커뮤니티를 육성하고 로열티 프로그램을 만들기 위해 노력하는 모습을 볼 수 있다. 매년 샌프란시스코에서 2일간 열리는 삼성 디벨로퍼 콘퍼런스(Samsung Developer Conference)가 그 예이다. 약 5,000명의 개발자를 대상으로 삼성의 각종 기술을 시연하고, 다양한 기술 세션도 제공한다. 전 세계 개발자를 대상으로 우리나라 기업이 소프트웨어 파워를 펼치고 있어 자랑스럽다.

삼성은 영삼성과 같이 대학생을 위한 프로그램도 운영 중이다. 잘 운영하고 있기는 하지만, 조금만 더 개선한다면 훨씬 파급력이 클 것 같다. 내부의 상황을 속속들이 알 수는 없으나 영삼성에서 활동하는 대학생들이 콘텐츠 크리에이터의 영역에 집중된 듯하다. 대학생일 때 영삼성에서 열심히 활동하고, 국내 공기업을 다니다 현재는 전문 유튜버와 강사로 활동하고 있는 김종오 씨도 영삼성 활동을 통해 전문 크리에이터를 꿈꾸게 되었다고 한다.

그런데 크리에이터란 직업도 훌륭하지만, 우리나라 최고 기업답게 대학생들의 꿈을 조금 더 키우는 프로그램을 운영해도 좋지 않을까? 특히, 삼성 디벨로퍼 프로그램(Samsung Developer Program)과 연계하여 젊은 커뮤니티 리더를 적극적으로 육성하고 키우면 어떨까? 우리나라의 부족한 점으로 늘 지적 받는 소프트웨어 파워를 키우는 데 큰 도움이 되지 않을까?

오래 전부터 우리나라가 압도적인 하드웨어 개발 능력 대비 소프트웨어 개발 능력이 뒤처지는 이유에 대해 많은 논쟁이 있었다. 게임을 제외한 소프트웨어 중 해외에서 성공한 사례는 손에 꼽힐 정도로 적다. 우리나라의 상명하복 문화와 엘리트 위주의 교육이 하드웨어의 성공을 견인하는 데 큰 역할을 한 것은 분명해 보인다. 하지만 빅데이터, AI 등 소프트웨어 중심으로 진행되는 4차 산업혁명에서는 어떨까? 외부 커뮤니티와 긴밀히 피드백을 주고받으며 함께 성장하는 생태계를 만들지 않고서 지금과 같은 성장을 기대할 수 있을까?

오늘날 소비자는 무척 똑똑하다. 단순히 브랜드 이미지만 보고 소비하지 않는다. 그러므로 기업이 소비자를 기업 내부로 끌어들여야 한다. 세계를 주름잡는 기업들뿐만 아니라 후발주자인 중국 기업조차도 젊은 소비자들이 기업의 제품개발에 직·간접적으로 참여하며 성취감을 느끼고 그것이 소비로 이어진다는 사실을 잘 안다. 커뮤니티를 동호회 정도로 치부하고 무시하는 기업은 더는 성장하기 어렵다.

피드백을 주고받으며
함께 성장하는 생태계

공동체의 성장을 위해 자발적으로 헌신하는 커뮤니티의 힘은 최근 소프트웨어 시장의 혁신적인 성장을 이해하는 가장 중요한 키워드라고 할 수 있다. 예전에는 소프트웨어의 설계도에 해당하는 소스코드는 소프트웨어 기업의 핵심 기밀이었다. 따라서 소스코드를 공개한다는 것은 기업의 핵심 자산을 포기하는 것과 같은 의미였다. 그래서 스티브 발머 시대의 마이크로소프트는 커뮤니티가 주도하는 오픈소스 흐름에 극도로 예민한 반응을 보였다.

하지만 선한 목표를 가진 커뮤니티의 집단지성은 이후 소프트웨어 산업의 지형을 송두리째 바꾸기 시작했다. 소스코드를 공개하여 유용한 기술을 공유했더니 이전에는 상상하기 어려운 일들이 벌어진 것이다. 전 세계의 개발자들이 소프트웨어의 개발과 개선에 자유롭게 열성적으로 참여하여 일부 독점 기업의 소프트웨어에 버금가는 무료 제품을 만들어 성공한 것이다.

가장 극명한 예시가 온라인 백과사전 개발과 관련한 일화일 듯하다. 마이크로소프트는 인터넷의 태동과 함께 온라인 백과사전을 개발하기 위해 전문 필진과 편집진 그리고 최고의 소프트웨어 개발자에게 수년간 투자했다. 그런데 바로 그 무렵 전 세계 온라인 커뮤니티를 중심으로 수만 명의 자원자가 재미 삼아 내용을 작성하고 편집하는 위키피디아가 탄생했다. 이 커뮤니티에 참여하는 데는 특별한 자격이 필요하지 않았고, 아무나 글을 쓸 수 있었다. 내용을 작성하거나 편집한다고 해서 돈 한 푼 받는 것도 아니었지만, 많은 사람이 기꺼이 참여했다.

마이크로소프트는 16년 동안이나 자사의 인터넷 백과사전에 투자했다. 하지만 2009년, 공들였던 MSN 엔카르타와 디스크, 인터넷 백과사전을 완전히 포기하고 손을 뗐다. 수년간 적자에 허덕였기 때문이다. 반면 위키피디아는 세계 최대 규모이자 가장 인기 있는 백과사전으로 급성장했다. 위키피디아는 생성된 지 겨우 8년 만에 260개 언어로 1,300만 개 이상의 표제어를 수록하기에 이르렀다. 위키피디아는 현재까지도 가장 방대한 온라인 백과사전으로 사랑받고 있다. 하지만 MSN 엔카르타를 기억하는 이는 거의 없을 것이다.

백과사전뿐만이 아니다. 리눅스, 우분투, 자바, 파이썬, 모질라,

오픈스택 등 수없이 많은 오픈소스 기술이 커뮤니티의 자발적인 노력으로 승승장구했다. 이제는 마이크로소프트와 구글도 자사 제품의 소스코드를 전 세계 개발자 커뮤니티와 공유하며 함께 성장하고 있다.

구글의 경우, 자사의 딥러닝과 머신러닝 기술인 텐서플로(Tensor Flow) 소프트웨어를 학생, 개발자 등 원하는 사람은 누구나 사용할 수 있도록 공개하고 있다. 한국에서도 자발적으로 텐서플로 코리아 커뮤니티가 만들어져 현재 약 45,000여 명의 회원이 활발히 활동하고 있다. 이들을 중심으로 4차 산업혁명의 핵심인 인공지능 기술이 한국에서도 빠르게 발전하고 있다.

이처럼 피드백을 주고받으며 함께 성장하는 기술 생태계를 만드는 힘은 커뮤니티에서 나온다. 그리고 바로 그런 힘 덕분에 IT 업계가 더욱 승승장구하며 현재와 미래를 빠르게 혁신하고 있다. 소수의 엘리트가 기술을 독점했다면 이 정도의 혁신은 불가능했을지 모른다. 전 세계 시가 총액 10개 업체 중 7개 업체가 IT 기업인 이유가 바로 여기에 있다.

스리랑카
고졸 출신 자나카는
어떻게 호주 IT 리더가 됐을까

스리랑카 하면 무엇이 떠오르나? 최근의 폭탄 테러도 떠오르겠지만, 아마도 풍등을 주워 날렸다가 고양 저유소를 홀라당 태워 버린 27살의 스리랑카 노동자가 떠오를 것이다. 대부분의 한국인에게 스리랑카는 그 노동자로 대변되는 가난한 나라 중 하나일 뿐이다.

실제로 스리랑카는 1인당 GDP가 2,200달러로 우리나라의 10분의 1도 되지 않는 인도 남단의 가난한 섬나라다. 그런데 인도처럼 영어를 공용어로 쓰지는 않는다. 스리랑카에서 쓰는 타밀어를 한 번 찾아보라. 정말 세상에 이렇게 복잡한 언어가 있나 놀랄 것이다.

지금 소개할 자나카 란가마(Janaka Rangama)는 그런 가난한 나라에서 대학 입시에도 실패한, 뭐 하나 내세울 게 없는 열등생이었다. 그런데 그는 현재 호주 DELL EMC의 시니어 프린시펄 테크놀로지스트

(Senior Principal Technologist)로 맹활약 중이다.

자나카를 처음 만난 건 내가 한국과 호주, 뉴질랜드를 거쳐 동남아시아 전체를 관리하는 담당자가 되었을 때다. 그 전에 동남아시아를 담당하던 일본인 매니저가 갑자기 해임되고 나에게 그 자리를 맡으라는 지시가 떨어졌다. 그리고 2주도 채 되지 않아 동남아시아 MVP 전체를 위한 행사를 말레이시아에서 개최하게 되었다.

급박하게 진행된 행사라 MVP들을 사전 조사할 시간이 없었다. 정말 중요한 부분만 급하게 챙겨 쿠알라룸푸르로 향했다. 후텁지근한 쿠알라룸푸르의 공기를 뚫고 50여 명의 MVP가 2일간의 행사를 위해 모여들었다. 12개국에서 온 각양각색의 사람이 새로 아시아 MVP 담당 매니저로 임명된 나를 주목하며 한마디 한마디에 집중하고 있었다.

내 우려와는 달리, 인성 좋고 열정적인 커뮤니티 리더들 덕분에 행사 분위기는 화기애애했다. 그중에서 유난히 적극적으로 발표에 임하던 이가 바로 자나카다. 까무잡잡한 피부에 그보다 더 까맣고 큰 눈, 거기에 뒤로 질끈 묶은 긴 머리가 인상적이었다. 그 행사 이후로 시애틀에서 열리는 MVP Summit에서도 두 번쯤 만났다.

그런데 얼마 뒤 호주의 한 회사에서 스카우트 제의를 받고 호주로 간다고 했다. 한국의 내로라하는 개발자들도 호주에서 스카우트 제의를 받기가 쉽지 않은데, 좀 놀라웠다. 그의 성장 배경이 궁금하여 메일을 몇 번 더 주고받았다.

그의 특이한 외모는 역시 성장 배경과 관련 깊었다. 그는 10대 시절 대부분을 드럼 연주자로 보냈다고 한다. 각종 상이랑 상은 다 타고, 아무튼 공부 빼고는 다 열심이었다고 했다. 하지만 대입 시험에 실패하고는 무척이나 낙담했다고 한다. 그런데 실망한 그와는 달리 부모님은 전혀 화를 내지 않았다고 한다.

"걱정하지 마, 자나카. 이제 다음에 뭐할지 결정할 수 있게 되었잖아."

17살에 만나 지금의 아내가 된 당시의 여자 친구도 마찬가지였다.

"네가 사랑하는 일을 해. 네가 너답기 위해 노력하면 그걸로 된 거야."

무슨 이런 천사 같은 사람들이 있나 하겠지만, 인구의 대부분이 불교도인 스리랑카에서는 왠지 있을 법도 하다는 생각이 든다.

아무튼 자신은 대입에 실패했지만, 친구들이 모두 대학에 들어가 IT 기술자가 되기 위한 공부를 시작하자 그의 목표도 조금씩 분명해졌다. 은행에서 일하던 형이 위로 차원에서 새 컴퓨터를 사주며 IT 공부를 시작해 보라고 독려해 준 것도 중요한 계기가 되었다. 그는 비록 대학은 못 갔지만, 어떤 일이 있어도 성공한 IT 전문가가 되리라 굳게 다짐했다고 한다.

어릴 때부터 컴퓨터를 가지고 놀던 습관 덕분에 일단 결심이 서자 공부도 잘되었다고 한다. 또한 대학에 들어가지 못해서 21살부터 일을 시작했는데, 오히려 그때의 실무 경험이 나중에 대학에 들어가서 공부할 때 큰 도움이 되었다고 한다. 전화위복인 셈이다. 그런데 무 엇보다도 그의 삶을 바꾼 결정적 계기가 된 것은 함께 일하던 동료 가 스리랑카의 IT 커뮤니티를 소개해 준 것이었다.

"커뮤니티에서 정말 좋은 사람을 많이 만났어요. 그 사람들이 좋아 모 든 행사나 밋업(Meetup)에 참여했어요. 그러다 리더 자리가 공석이 되 자 봉사하는 마음으로 자원했죠."

이런 활동을 3년간 꾸준히 이어 나가자 마이크로소프트도 그의 노 력을 인정해 MVP를 수여하였다.

"MVP가 된다는 것은 커뮤니티를 교육할 책임이 주어지는 것으로 생 각했어요. 그래서 최대한 많은 멤버가 IT 업계에서 자신의 자리를 찾고, 발전할 수 있도록 최선을 다해 그들을 도왔어요. 그렇게 뿌듯할 수가 없 었습니다."

이렇게 쑥쑥 커가는 그의 커뮤니티 리더십을 눈여겨보던 엠파이 어드 엘티디(Empired Ltd)라는 호주의 기업이 자나카를 초청했다. 물 론 스리랑카 IT 커뮤니티에서 함께 일하던 멤버가 먼저 그 기업에 취 업해 추천해준 영향도 있을 것이다. 커뮤니티 네트워크의 힘은 이처 럼 막강하다. 자나카는 마지막으로 이렇게 말했다.

"저는 뜻이 있는 곳에 길이 있다는 걸, 굳게 믿어요. 대입에 실패했지만, IT 엔지니어로서의 뜻을 품자 길이 보였으니까요. 하지만 그 길에 커뮤니티가 없었다면 결코 이 자리까지 오지 못했을 거예요. 리더가 되길 원한다면 두려워하지 마세요. 당신을 돕기 위해 손을 내미는 사람이 반드시 있어요. 그들의 손을 잡고 당신의 가능성이 활짝 열릴 때까지 열심히 노력하기만 하면 돼요."

—
자나카의
커뮤니티 공부
성공 키워드
—

자신만의 커뮤니티 공부 시간을 만들어라

17살에 지금의 아내를 만났다고 하니 결혼을 얼마나 빨리 한 걸까? 결혼하여 자녀를 둔 사람은 알 것이다. 자녀를 키우며 일하고 공부까지 하는 것이 얼마나 어려운 일인지. 하지만 그에게는 일도, 가족도, 공부도 놓치지 않는 비결이 있었다. 바로 주말에 가족들이 깨기 전 시간을 활용하여 블로그를 하는 것이다.

보통 주말 아침 시간은 늦잠을 자거나 그냥 흘려보내는 경우가 많다. 바로 이 시간을 활용하면 일도, 가족과의 시간도 방해받지 않고 알찬 공부를 할 수 있다. 자나카뿐 아니라 외국에서 만난 많은 커뮤니티 리더들이 이 방법을 활용하고 있었다.

커뮤니티 리더 중에는 남다른 애처가, 자상한 아빠가 많다. 미혼인 우리 팀 과장에게 커뮤니티 리더와 결혼하라고 추천까지 할 정도다. 그들의 시간 관리 능력은 배울 필요가 있다.

때로는 강력한 동기가 필요하다

자나카뿐 아니라 늘 에너지 넘치게 공부하고 활동하는 많은 커뮤니티 리더에게서 발견되는 부분이기도 하다. 자나카도 어떤 사건을 계기로 강력한 동기가 생겼다. 바로 대입시험에 실패한 것이다. 물론 강력한 동기를 얻으려고 일부러 대입시험에 실패할 필요는 없다.

커뮤니티 회원들과 의논하여 그때그때 가시적인 목표를 세우는 것도 강력한 동기를 얻는 방법 중 하나이다. 예를 들어, 날짜가 정해진 자격증 시험을 패스하는 것을 목표로 세우고 함께 공부하는 것이다. 혹은, 커뮤니티 외부 사람을 초청하는 밋업이나 콘퍼런스를 만들면, 발표하는 그날까지 긴장감을 유지하며 공부할 수 있다.

리더로 활동할 기회가 오면 일단 하고 보라

자나카는 이 말을 여러 번 되풀이했다. "위험을 감수하라"는 말이다. '내가 과연 잘 해낼 수 있을까?', '시간을 낼 수 있을까?'와 같은 걱정을 내려놓으라는 뜻이기도 하다. 다만, 그의 부모와 여자 친구가 그에게 충고했듯, 진정으로 하고 싶은 무언가가 생길 때까지는 기다릴 필요는 있다. 그렇게 기다리고 기다려 자기가 하고 싶은 일이 생기면, 혹은 리더로 활동할 기회가 오면 무조건 해보라는 것이다. 일단 리더가 되면 잘하든, 못하든 배우는 바가 크다고 한다. 리더로서의 책임감, 공동체를 위하는 마음은 언젠가 큰 힘을 발휘할 때가 있다.

4장

초연결 시대의 핵심 능력, 커뮤니티 리더십

"저희 모두연의 연구자들은 자발적으로 자신이 가진 지식을 나누어요. 서

로 지식을 나누고 돕지 않으면 진도를 나갈 수가 없거든요. 기술을 축적하

려다 보니 자연스럽게 공유하고 상생하는 문화가 생길 수밖에 없죠."

일자리가 사라진 세상

4차 산업혁명 시대, 불안한 제조업 일자리

제임스 와트가 발명한 증기 기관으로 촉발된 1차 산업혁명. 에디슨이 발명한 전기에너지에 의한 2차 산업혁명. 그리고 컴퓨터에 의해 시작된 3차 산업혁명을 넘어 이제 우리는 4차 산업혁명의 시작점에 서 있다. 4차 산업혁명의 핵심은 자율주행차, 스마트 팩토리, 인공지능 등, 첨단 기술과 결합한 스마트한 기계다. 예전의 기계나 로봇은 사람을 대체할 만큼 영리하지 못해 사람의 제어나 관리를 받아야만 했다. 하지만 최근에는 사람을 뛰어넘어 스스로 생산과정을 통제하고 관리할 정도로 발전했다.

이처럼 천지개벽할 정도로 엄청난 사회·문화적인 변화를 가져오기에 이를 4차 산업혁명이라 부르는 것이다. 연세대학교 양영유 총장은 여기서 더 나아가 4차 산업혁명을 '문명혁명'이라고까지 부른다. 산업만이 아닌 문명 전반의 메가트렌드이기 때문이다. 이런 변화의 시대를 준비하기 위해 정부와 학계가 많은 조사를 하고 있다. 일단 현재까지의 조사 결과만 놓고 보면 불안함을 넘어 공포심마저 든다.

우리나라는 OECD 국가 중 제조업이 차지하는 비중이 가장 높은 나라이다. 그런데 4차 산업혁명으로 가장 많은 일자리가 줄어들 것으로 예상되는 업종이 바로 제조업이다. 실제 제조업 10곳 중 6곳이 4차 산업혁명으로 일자리가 감소할 것으로 예상하고 있다(2018년 한은 지역경제보고서).

미래학자인 서용석 카이스트 교수가 인구구조와 산업발전 변화 등을 변수로 연구한 보고서에서도 최악의 경우 '백수'가 576만 명이나 늘어날 수 있다고 전망했다. 현재 중학교 3학년(2003년생)이 27세가 돼 본격적으로 구직시장에 뛰어들 해인 2030년에 대한 전망이다.

사실 제조업 현장에서 자동화는 이미 대세이다. 《일자리가 사라진 세계》의 김상아 저자의 조사에 의하면, 대한민국은 노동자 1만 명당 로봇 대수로 계산하는 로봇 밀도에서 최근 8년 동안 세계 1위를 차지했다.

지난 10년간 한국의 2,000대 주요 기업의 매출액은 815조 원에서 1,711조 원으로 200% 이상 증가했다. 그런데 자동화 시스템 도입

덕분에 매출이 200% 넘게 증가하는 동안 고용은 156만 명에서 161만 명으로 고작 2.8% 증가하는 데 그쳤다고 한다. 기업들이 매출 증가에 따라 필요해진 노동력을 인간이 아닌 로봇과 자동화 시스템으로 보충한 것이다. 그 결과 한국의 2017년 로봇 밀도는 노동자 1만 명당 710대로, 2년 전인 2015년 531대보다 34%나 증가했다. 이는 322대인 독일이나 308대인 일본에 비해 압도적으로 높은 수치이다. 똑똑한 기계가 생산의 주체가 되는 4차 산업혁명 시대에 이 비율이 얼마나 더 높아질지 쉽게 예상할 수 있다.

내 부모님이 생을 꾸리고 계신 거제도는 조선소를 필두로 한 제조업이 중심인 곳이다. 아버지의 말을 빌리자면 최근 진행된 구조조정의 여파로 거제도는 "완전 유령 도시 다 돼삐다". 일자리를 잃은 그 많은 사람, 그 가족은 어떻게 되었을까? 요즘 가장의 실직 때문에 온 가족이 삶을 포기했다는 비극적인 뉴스를 심심찮게 접한다. 앞으로 이러한 뉴스를 더 자주, 더 많이 접해야 할지 모른다. 더 무서운 점은 그 뉴스의 주인공이 내가 되지 않으리라는 보장이 없다는 것이다.

동료로 일할 AI보다 나은 점이 무엇입니까?

제조업뿐만이 아니다. 유튜브에서 아마존의 물류 창고를 찾아보라. 사람이 거의 보이지 않는 깔끔하고 거대한 물류 창고에서 24시간 쉬지도 않고 신속하고 정확히 일하는 로봇 '키바(KIVA)'를 만날 수 있다. 입·출고, 재고, 포장, 품질 관리에 이르기까지 키바가 못 하는 일이 거의 없다. 아마존은 물류창고에서 일하던 직원 대다수를 키바로 대체했다. 미래의 일이 아니다. 현재 일어나고 있는 일이다. 아마존은 키바 시스템을 지구촌 곳곳의 물류 회사에 지금 이 순간에도 소개하고 있다. 우리나라에도 이런 자동화된 물류시스템이 들어올 날이 얼마 남지 않았다. 온라인으로 물건을 살 때 우리 소비자가 얼마나 가격에 민감한지 생각해 보라. 생존과 이윤 창출이 최대 목표인 기업이 비용이 많이 드는 사람과 똑똑한 로봇 사이에서 고민하는 시간은 그리 길지 않을 것이다.

그렇다면 사람과의 대면이 중요한 서비스업은 안전할까? 최근 일본 치바현 헨나 호텔에서 일어나고 있는 일을 보면 그렇지 않다는 생각이 들 것이다. 지금도 무인자동시스템을 도입한 모텔 규모의 호텔들이 많은데, 이 호텔은 거기서 더 나아간다. 호텔 프런트에서 귀여운 공룡 모양의 로봇이 3개 국어에서 5개 국어까지 구사하며 체크인을 도와준다. 그리고 청소 로봇이 호텔 구석구석을 누비며 청결을 책임진다. 필요한 물품도 로봇이 친절히 인사하며 갖다 준다.

이 호텔이 개업할 당시 30명이던 직원은 현재 9명밖에 남지 않았다. 그런데도 앞으로 3명을 더 줄인다고 한다. 인건비가 적게 들다 보니 숙박료는 일반 호텔의 절반 수준이라고 한다. 게다가 아이들이 좋아하는 공룡 형태의 로봇 덕분에 늘 만실일 정도로 인기라고 한다. 일반적으로 숙박 특화형 호텔의 수익률은 8% 정도인데 이 호텔의 수익률은 20% 수준으로 세계 최고 수준이다. 이 호텔을 운영하는 아이스텐보사는 이러한 성공에 힘입어 국내외에 100여 개의 헨나 호텔 체인을 만들 계획이라고 하니 앞으로 호텔 등 서비스 업종에 종사하는 사람의 일자리도 장담할 수 없게 되었다.

LG경제연구원의 분석에 따르면 대졸자가 주로 취업하는 사무직도 위태롭기는 마찬가지다. 회계사나 세무사 등 전문직뿐만 아니라 사무 종사자의 86%는 AI에 일자리를 빼앗길 고위험군으로 분류됐다. 앞으로는 취업 면접에서 "동료로 일할 AI보다 나은 점이 무엇입니까?"라는 질문을 받을 확률이 높다.

전문직인 의료계도 사정은 마찬가지다. IBM의 인공지능 왓슨은 이미 '메모리얼 슬로언 케터링(Memorial Sloan Kettering) 암센터', '엠디 앤더슨(MD Anderson) 암센터' 등과 같은 미국의 유명한 의료기관과 협업하고 있다. 수십만 건의 의학 문헌과 사례를 학습하고 분석해서 놀랄 만큼 정확한 수순으로 암 환자를 진단하여 환자의 상태에 따라 가장 적합한 치료법을 의사에게 제시한다.

뿐만 아니라 중국과 미국에서는 약 조제 로봇이 활약하고 있다. 중국 절강성부속병원에서는 로봇 약사가 하루 6천 명의 외래환자를 담당하고 있다. 미국의 UCSF(캘리포니아대학교 샌프란시스코) 등 5개 대학병원에서는 환자가 복용할 약을 로봇이 조제하도록 했는데, 35만 건이 넘는 처방 중 단 한 건의 실수도 없었다고 한다.

물론 기계가 인간을 완전히 대체할 수는 없다. 하지만 우리는 과거에도, 그리고 지금도 기계가 인간의 일자리를 빠르게 대체하고 있는 현실을 목도하고 있다. 4차 산업혁명 시대에 들어서서는 그 속도가 더 빨라지고 있으며, 범위 또한 상상을 초월할 정도로 넓어지고 있다.

이런 와중에 사회 곳곳에서는 기존의 사업자와 첨단 기술을 적용한 새로운 사업자 간의 이해충돌도 잦아지고 있다. 이런 흐름을 기업이나 정부가 막을 수도 없고 막아서도 안 된다. 정부나 학계 그리고 기업이 머리를 맞대고 인간의 존엄성을 살리는 방향으로 정책을 세우는 것이 필요한 시점이다.

4차 산업혁명 시대의
생존 능력

모든 게 불안한 비정규직

일자리가 중요하다는 것은 우리 모두 안다. 그리고 그 일자리가 점점 줄어들고 있다는 것도 안다. 그러나 일자리가 없는 상황을 정말로 겪어보지 않는 이상 그 막막함을 뼛속 깊이 이해하기는 힘들다. 특히나 자신의 월급에 의존해서 살아가는 식솔이 있는 경우 일자리가 없는 상황은 말도 못할 고통이다.

내가 IMF 외환위기 시절에 졸업했다는 것은 앞서 언급한 적이 있다. 거기에 더해 나는 멀쩡히 다니던 정규직을 박차고 나와 결혼생활 15년 내내 비정규직 예술인으로 사는 남편과 두 아이의 생계도 책임져야 했다. 물론 남편은 생계를 위한 노력을 게을리하지도 않앞고, 아이들 가정교육에 소홀하지도 않았다. 하지만 비정규직이 가지는 태생적인 한계를 여실히 경험할 수 있었다.

남편은 비정기적으로 일을 따내는 단기 계약 노동(예술 활동)을 한다. 그래서 수입이 들쑥날쑥하다. 어떨 때는 많이 벌고, 어떨 때는 아예 수입이 없다. 많이 벌 땐 행복하고, 적게 벌 땐 불안하다. 이게 반복되다 보니 많이 벌 때도 행복하지 않다. 언제 수입이 끊길지 모르기 때문이다. 시간도 마찬가지다. 어떨 때는 바쁘고 어떨 때는 한가하다. 한가한 기간이 길어지면 무료해진다. 무료하다 못해 자신이 한심해지기까지 한다.

이때 작은 가게, 작은 사업이라도 해볼까 하는 유혹에 빠진다. 준비를 철저히 하고 시작해도 망하는 가게와 사업체가 태반인데, 이렇게 즉흥적으로 시작하면 100% 망한다고 봐야 한다. 다행히 남편은 IMF 외환위기 때 아버지의 사업이 쫄딱 망해 가세가 급격히 기우는 것을 경험했기에 그런 유혹에 빠지지는 않았다. 하지만 이 땅의 수많은 아버지, 청년들은 자의 반 타의 반으로 창업의 길로 내몰리고 있다. 취업이 안 되니 일단 무엇이라도 하고 보자는 생각으로 시작했다가 망하고 마는 것이다.

일하고 싶어도 할 수가 없는 시대

남편은 자신의 예술 활동 영역에서 경쟁력을 갖추려면 이렇게 수입이 들쑥날쑥한 상황에서도 멘탈을 지키는 것이 답이라는 결론에 이르렀다. 그리고 멘탈 관리에는 규칙적인 노동만큼 효과적인 것이 없다는 생각도 했다. 그래서 계약과 계약 사이에 생기는 시간을 규칙적인 노동으로 채우기로 했다. 나 또한 노동자의 삶을 직접 체험하면 예술의 깊이가 훨씬 깊어질 것이라고 격려해 주었다. 남편은 온갖 종류의 노동을 시도해 본 뒤, 쿠팡 플렉스라는 택배 노동에 도전했다.

처음에는 그럭저럭 일한 만큼의 수입을 챙겼다. 자신의 차로 배달하는 형태라 쿠팡 집하장에 각양각색의 차들이 모여들었다. 예상과는 달리 고가의 외제차를 몰고 온 배달원들도 많아 신기하고 재미있기도 했다. 하지만 두세 달 지나 쿠팡 플렉스의 지원자가 10만 명이 넘어서자 완전히 다른 상황이 펼쳐졌다. 쿠팡 플렉스의 택배 노동자들이 배달 물량을 충분히 확보하지 못하는 상황이 벌어진 것이다. 그러자 배달 단가가 하염없이 떨어졌다. 그마저도 없어서 못하는 지원자들의 원성으로 단톡방은 연일 시끄러웠다.

나는 기술이 발전하면 새로운 일자리가 생겨난다는 것을 믿는다. 하지만 새로운 일자리는 극소수의 운 좋은 사람만이 차지할 것이고, 대다수의 사람은 언저리로 내몰릴 것이다. 쿠팡 플렉스는 그 한 예에 불과하다.

지금 전 세계는 신기술의 발달로 생긴 공유경제의 분배 문제로 연일 공방을 벌이고 있다. 클린턴 행정부에서 노동부장관을 지낸 경제학자 로버트 아이쉬(Robert Aish)는 공유경제를 '부스러기를 나

뉘 갖는 경제(share-the-scraps economy)'라고 부른다. 플랫폼을 가진 사업주에 비해 인간 노동자의 벌이가 시원찮기 때문이다. 벌이뿐만이 아니다. 인권, 노동권 등 모든 면에서 부스러기처럼 연약해지기 때문이다.

일자리가 사라진 미래 세계를 피상적으로만 볼 수 없었던 우리 가족의 생생한 경험 덕분에 내가 이 책을 쓰고 있는지도 모르겠다. 남편이 쿠팡 플렉스에서 만난 동료 중에는 아이 둘, 셋 딸린 가장도 많았다. 이들이 4대 보험도 없이 다치기라도 한다면 어떻게 될까? 하염없이 떨어지는 임금이지만, 이거라도 붙들며 살아가다가 사고라도 생기면 그는, 그의 아이들은 어떻게 될까? 이런 상황에서 아이를 더 낳으라고 무작정 등을 떠밀면 안 된다. 취업이 안 되는 청년들에게 무슨 일이든 하라고 재촉만 해서도 안 된다. 또한, 지금 취업이 되었다고 이 문제에 대해 모른 체해서도 안 된다.

앞으로 30년간 인공지능과 로봇이 인간의 일자리 중 50%를 대체할 것이다. 기성세대의 앞으로 30년도 문제지만, 앞으로 사회생활을 해야 할 지금의 아이들도 문제다. 지금의 아이들 중 50%는 태어나서 죽을 때까지 생산 활동에 참여하고 싶어도 참여하지 못한 채 평생 정부 보조금에 의존해야 할지도 모른다. 우리와 우리 아이들은 이런 상황을 견뎌낼 만큼 멘탈이 충분히 강한가? 물론 이런 상황을 해결할 뚜렷한 답은 아직 보이지 않는다. 다만, 현실을 직시하고 한 발 한 발 함께 나가는 수밖에.

교육이 사업이 되면
안 되는 이유

돈벌이 수단이 된 교육

대부분의 아이들이 맞이할 가까운 미래가 이런데도 부모들은 말한다. 학벌이라는 보험도 없이 어떻게 이 험한 세상에 아이를 내보낼 수 있냐고? 하지만 현재에도 그리고 나중에도 보장이 될지 안될지도 모를 보험을 위해 지금 당장 죽어가는 눈앞의 아이들을 왜 외면하는지 묻고 싶다. 다음은 최근에《한겨레 신문》에 실린 기사이다.

사교육에 치이는 강남 아이들 … 마음의 병 깊어간다

중고생 43% 스트레스에 시달려

자해 또는 자살 등 극단 생각도

"우리나라가 헬조선인 가장 큰 원인은 대학입시라고 생각해요. 이 때문에 교육 과정에서 상생의 힘을 가르치지 못하고 끊임없이 경쟁하도록 부추기고 있죠. 우리의 행복지수가 낮은 것은 공동체 생활의 부재 때문이라는 조사가 있어요. 교육 과정이 신분상승의 도구로써 이용되니 더불어 사는 법을 모두 잊어버린 거죠."

헬조선의 원흉이 되고 있는 교육과 연구 환경을 바꾸어 보겠다며 만든 '모두의연구소'(http://www.modulabs.co.kr/, 이하 모두연) 김승일 소장의 말이다. 그는 IT 관련 해외 특허를 60개나 가지고 있는 전직 LG연구소 연구원이었다. 두 아이의 아버지이기도 한 그는 대학입시를 통과한 수많은 젊은이가 하고 싶은 게 없는 현실에 심각한 문제의식을 느껴 안정적인 직장을 박차고 나와 모두연을 만들었다. 이런 그의 열망이 얼마나 강한지 모두연의 와이파이 비밀번호는 'Save the hell Chosun'이기까지 하다. 그는 우리나라 대학입시와 그로 인한 사교육의 문제가 심각하다고 역설한다.

"저는 교육이 돈벌이 수단, 즉 교육 사업이 되면서 사교육 시장이 기형적으로 비대해지고 우리나라 교육 지형을 바꾸었다고 생각해요."

이것은 나도 아이를 키우면서 실감하는 부분이다. 학교 선생님은 멀리 있다. 아이와 관련해서 선생님과 상담하고 싶은 마음이 굴뚝같지만, 약속 한 번 잡으려면 여러 날을 고민해야 한다. 하지만 사교육 선생님은 가까이에 있다. 언제든지 연락해서 상담받을 수 있다.

그러나 사교육 선생님이 아무리 훌륭한 교육 철학을 가지고 있다고 해도, 이들은 교육자이기 전에 사업가다. 고객이 이 정도의 돈을 내면 나는 이런 서비스를 제공하고 이런 결과를 내겠다고 계약 맺는 관계인 것이다.

그런데 교육은 결코 단기적으로는 성과를 낼 수 없는 영역이다. 다시 말해, 부모의 지갑을 장기적으로 여는 것이 쉽지 않다는 말이다. 그러니 어쩔 수 없이 눈에 보이는 성과(점수)에 집중할 수밖에 없다. 이 때문에 일부 학원에서는 아이들에게 문제를 해결하는 다양한 방법을 가르치기보다는, 어떻게 하면 정답을 빨리 찾을 수 있는가를 가르친다.

그러므로 주로 대형 학원에서는 억대 연봉을 주더라도 시험 문제의 패턴을 분석해서 정답을 족집게처럼 집어내어 떠먹여 주는 선생님을 모셔올 수밖에 없다. 이런 선생님을 1타 강사라고 부른다. 아마 전국의 고3 학생 중, 1타 강사의 이름 한두 명쯤 모르는 학생은 없을 것이다.

선행학습에 밀린 인성교육

잘못된 사교육이 대학 입학을 목전에 둔 고등학생에게만 악영향을 미친다면 참고 넘길 수 있겠다. 하지만 이러한 악영향이 점점 더 어린아이들에게까지 미치는 것은 심각한 문제다.

대형 수학학원에 가면 초등학생부터 수강할 수 있는 '의대/한의대반', '특목고/과기고반'이 있다. 한번은 학부모 설명회에 참석한 적이 있는데 어머니들뿐 아니라 아버지들도 많이 참석해서 듣고 있었다. 설명회의 주된 내용은 "이러한 곳을 가려면 지금부터 선행학습해야 한다"였다. 이 학원에서는 매일 3시간에서 5시간 수업을 하고, 숙제도 많이 내준다고 했다.

자신이 누구이고, 어떤 것을 좋아하며, 어떤 사람으로 살아야 할 것인가를 다른 아이들과 놀면서, 때로는 부딪치면서 배워야할 시기에 의사나 한의사가 되기 위해, 혹은 그 발판으로써 과학고를 가기 위해 끊임없이 수학 문제를 풀도록 강요당하고 있는 것이다. 더 큰 문제는 별다른 사명감 없이 이렇게 공부한 아이들이 실제로도 의대를 가고 의사가 된다는 것이다.

반대로 자신에 대한 성찰을 충분히 하느라 학교 공부를 밀쳐두었던 아이는 어떤가? 아픈 사람을 보면 마음이 너무 아프고, 꼭 고쳐주고 싶어 의사가 되고 싶다고 생각했을 때, 이미 너무 앞서나간 친구들을 보고 좌절하여 꿈을 포기하지는 않을까?

하지만 누가 더 좋은 의사가 되겠는가? 초등학생 때부터 선행 수학 문제를 끊임없이 풀며 다른 친구들보다 월등한 수학 실력에 기고만장한 아이겠는가? 아니면 사람에 대한 이해와 연민이 넘치는, 더 좋은 의술을 배우고 익히기 위한 열망이 가득한 아이겠는가?

사교육, 없앨 수 없다면 변해야

"대학 입시를 통과한 우리나라의 많은 젊은이가 하고 싶은 게 없다는 것은 정말 심각한 문제라고 생각해요. 그래서 아직 하고 싶은 게 남아 있는 사람이 다른 연구원과 함께 무언가 열정적이고 꾸준히 연구하고 공부할 수 있도록 돕는 착한 기업을 만들어 성공하겠다는 목표를 세웠지요."

김승일 소장은 누구든 연구하고 싶은 주제만 있다면 연구실을 만들거나 기존에 있던 연구실의 연구자로 참여할 수 있는 열린 연구소를 만들고자 했다. 설립 당시 3개에 불과했던 연구실은 2009년 7월 기준 50개가 됐고, 같은 기간 15명에 불과했던 멤버십 연구원은 400명을 넘어섰다고 한다. 모두연 연구실 중 절반 이상이 인공지능(AI)과 관련된 딥러닝, 강화학습, 자연어처리, 자율주행 등을 연구하지만, 초심자를 위한 풀잎스쿨도 운영하며 프로그래밍과 인공지능의 기초를 함께 연구하기도 한다.

"저희 모두연의 연구자들은 자발적으로 자신이 가진 지식을 나누어요. 서로 지식을 나누고 돕지 않으면 진도를 나갈 수가 없거든요. 기술을 축적하려다 보니 자연스럽게 공유하고 상생하는 문화가 생길 수밖에 없죠. 연구 방향도 연구원들이 자발적으로 방향을 찾아 나가요. 코딩 잘하는 사람은 코딩 실력으로 기여하고, 수학 잘하는 사람은 수학으로 기여하는 방식으로요."

현재 모두연에서는 석박사급의 연구뿐 아니라 대학생과 초·중등생을 위한 미래형 교육을 다양하게 시험하고 모색하는 중이다. 고등학생을 포함하지 않은 것은 대학입시라는 워낙 강력한 장애물이 있어 당분간은 쉽지 않을 것이라고 판단했기 때문이다.

사교육 시장이 불필요하다는 논쟁은 이제 그만하자. 사교육이 없어지려면 공교육이 사교육의 영역까지 담당해야 하는데, 공교육을 시대의 흐름에 맞게 변화시키는 것은 쉬운 일이 아니다. 그리고 기본적인 인성 교육을 담당하는 공교육의 근간이 쉽게 흔들려서도 안 된다.

그러므로 사교육이 변화해야 한다. 학부모도, 사교육에 종사하는 선생님들도 단기적인 성과에 집착해서 우리 아이들의 미래와 사회를 망치는 일을 하면 안 된다. 그래서 김승일 소장의 행보가 더욱 빛나 보인다. 상생과 공유, 그리고 교육의 진정한 가치를 생각하며 미래 인재를 키우는 멋진 교육자, 사업가가 많이 탄생하길 진정으로 기원한다.

초연결 시대, 누가 인재인가?

4차 산업혁명 시대의 특징

지금 우리가 겪고 있는 일자리 부족 현상이 앞으로 더욱 가속화될 것이라고 하니 막막한 생각이 든다. 이 문제를 해결하기 위해 지금, 이 순간에도 세계 석학들과 정부 지도자들이 갑론을박하며 머리를 싸매고 연구하고 있다. 그만큼 풀기 어려운 문제라는 것이다. 선생님, 교수님, 부모님, 선배, 상사 등 나보다 앞선 세대의 지혜를 빌리기도 어렵다. 그들도 겪어보지 못했기 때문이다. 또한 기술과 정보화에 있어서 젊은 세대보다 더 뛰어나리라 기대하기도 어렵다.

하지만 새로운 기술이 탄생하고, 산업이 변화한다고 해도 평생 배우며 필요한 인맥을 스스로 만드는 능력이 있다면 어떨까? 심지어 그러한 과정을 즐기며 할 수 있다면, 누구나 걱정하는 미래를 자유롭게 유영하며 신기술이 제공하는 편리함을 누릴 수 있을 것이다. 심지어 새로운 기회를 스스로 창출하며 하루하루 충만하게 살 수도 있을 것이다. 커뮤니티 리더십을 갖춘다면 이러한 일이 불가능하지 않다. 왜냐하면 커뮤니티 리더십으로 현재 진행 중인 4차 산업혁명에서 생존할 수 있는 중요한 무기를 갖출 수 있기 때문이다. 미래는 어떻게 변하고, 어떤 능력이 필요하게 될까를 살펴보면 왜 커뮤니티 리더십이 미래의 생존 무기인지를 이해할 수 있을 것이다.

첫째, 앞으로는 정보나 지식이 매우 빠르게 생성되고 또 상실될 것이다. 이미 우리는 지식 정보 산업으로 대변되는 3차 산업혁명을 거치면서 경험한 바 있다. 우리 모두 손에 쥐고 있는 휴대폰만 봐도 얼마나 빨리 기술이 업그레이드되는지 알 수 있다. 마이크로소프트와 같은 세계 최고의 IT 기업도 잠시 기술 트렌드를 놓치면 순식간에 뒤처질 정도로 변화 속도가 빠르다. 이런 시대에 과거의 관행대로 교과서를 무작정 암기하고 머릿속에 집어넣기만 하면 어떻게 될까? 초·중·고 12년, 대학 4년, 총 16년을 죽자고 공부해서 사회에 나와도 막상 써먹을 지식이 없게 된다.

이렇게 정보와 지식이 빠르게 변화하는 시대에서는 언제 어디서든 필요한 지식을 배우는 능력이 필수적이다. 그것도 굉장히 빨리,

깊게 배우는 능력을 갖추어야 한다. 현재 학교 시스템은 기본 개념이나 이론을 배우는 데는 적합하지만, 실무와 결합한 지식을 쌓기에는 한계가 있다. 안타깝게도 현장에서 실무 경험을 해 본 선생님이나 교수님이 매우 적기 때문이다.

둘째, 모든 것이 융합되고, 또 파괴된다. 최근에 벌어졌던 택시업계와 카카오 차량 공유 서비스의 대립을 살펴보자. IT 기술로 무장한 카카오 차량 공유시스템은 미국에서는 우버, 동남아에서는 그랩으로 이미 세계적인 흐름이 되었다.

실시간 위치추적 기술과 무선정보통신 기술의 발전으로 등장한 차량 공유시스템은 기존 택시 업계의 비즈니스 룰을 완전히 바꾸어 놓았다. 이 때문에 생존을 위협받게 된 택시 업계의 극심한 반발이 계속되고 있다. 3차 산업에서는 정보기술이, 4차 산업에서는 인공지능이 이러한 산업 간 기술 간 융합을 주도한다. 그로 인해 기존 질서는 무너지고 새로운 질서가 생겨난다.

이런 상황에서는 비즈니스 기회가 정해진 루트로 오지 않는다. 취업 기회도 마찬가지다. 공개 채용은 점점 사라지고, 필요한 인원을 필요한 때에 채용하는 방식이 대세가 되고 있다. 대학조차 정시가 아닌 수시로 신입생을 선발하고 있다. 무엇인가 틀을 정하는 것이 무의미할 정도로 빠르게 변화하고 있고, 모든 것이 개별, 맞춤화하고 있기 때문이다. 이런 융합과 파괴가 수시로 진행되는 사회에서는 자신이 원하는 기회를 연결해 줄 수 있는 인적 네트워크가 필수다. 어떠한 기회가 어떤 사람, 어떤 네트워크에서 올지 알 수 없기 때문이다.

셋째, 미래에는 우리 모두 고독할 것이다. 가족도 직장도 개념이 모두 바뀌고 있다. 그런 변화의 기저에는 미래에 대한 불안함이 깔려 있다. 어떤 미래가 펼쳐질지 누구도 장담할 수 없기 때문에 섣불리 결혼하지 않는다. 혹은 결혼하더라도 40대, 50대가 되었을 때 어떤 수준으로 살 수 있을지 모르기 때문에 자녀를 낳는 것도 거부한다.

기업도 미래가 불안하기는 마찬가지다. 견실한 기업이 시대의 흐름을 잘못 타 한순간에 나락으로 떨어질 수도 있다. 그래서 비용과 시간이 상대적으로 많이 드는 신입사원을 뽑지 않는다. 또한, 업황이 변화하여 직원을 구조 조정해야 할 때 비용과 부담이 많이 드는 정직원을 뽑지 않고 계약직 직원만 채용하려 한다. 이렇다 보니 소속 없이 홀로 서야 하는 고독한 개인이 많아질 수밖에 없다.

고독한 개인이 넘쳐나는 사회에서는 역설적으로 서로 연결하려는 욕구가 커진다. 따라서 고독한 개인을 연결해 주는 사람이 상대적으로 중요해진다. 고독한 개인을 연결하여 긍정적인 에너지를 만드는 사람이 새로운 리더로 주목받게 되는 것이다. 실제로 이렇게 고독한 개인을 연결하는 '살롱' 문화가 현재 대한민국에서 성행하는 것도 이러한 이유라고 볼 수 있다. 프랑스의 '살롱' 문화가 한국으로 넘어와 새로운 비즈니스로 재탄생한 것이다.

한국의 살롱은 일정한 회비를 낸 회원을 대상으로 취향이 비슷한 사람을 묶어주는 커뮤니티의 일환이라고 볼 수 있다. 살롱 안에서 취향별 모임을 만들고, 그 모임을 이끄는 리더의 경험까지 가능하다. 다만, 자발적인 커뮤니티 모임과는 달리 내 취향을 연결해 주는 사업체에 비용을 지불한다는 것이 다르다. 사람들이 적지 않은 비용을 내면서까지 연결되고 싶어 하는 욕구는 더 커질 것이고, 이런 욕구를 충족해 주는 비즈니스가 더욱 발달할 것이다.

4차 산업혁명시대가 요구하는 능력, 커뮤니티 리더십

이러한 4차 산업시대의 특성 때문에 개인은 필요한 기술을 빨리, 깊게 배우는 능력을 갖추어야 한다. 또한 인적 네트워크를 유기적으로 만들고 활용할 수 있어야 한다. 마찬가지로 고독한 개인이 넘쳐나는 미래 사회에서 이들을 연결하고 에너지를 만들어 내는 리더십이 꼭 필요하다. 이 모든 능력은 커뮤니티 리더십을 갖출 때 확보되는 능력이다.

앞서 살펴보았듯이 커뮤니티 리더는 자신의 관심 분야를 각종 루트를 통해 공부하는 사람이다. 크고 작은 콘퍼런스에 참여하기도 하고, 비슷한 지식을 갈구하는 사람을 모아 함께 공부하기도 한다. 형태는 중요하지 않다. 지금과 같이 전 세계가 인터넷으로 연결된 상황에서 어떤 정보나 지식인들 찾아낼 수 없겠는가? 다만, 커뮤니티 공부에서 살펴본 것처럼 누군가 준비하여 전달하는 지식을 수동적으로 받아들여서는 제대로 배우기 힘들다. 자신이 먼저 배워 다른 사람들에게 전달하는 리더십을 발휘해야 제대로 깊게 배울 수 있다.

또한, 커뮤니티 리더는 유·무형으로, 단단하게 때로는 아주 느슨한 관계의 네트워크를 수시로 만든다. 이렇게 커뮤니티 리더가 되어 네트워크를 만들고 운영한 경험을 세계 최고의 기업들은 높이 산다. 미래 사회에 꼭 필요한 능력이기 때문이다. 한 치 앞을 내다보기 힘든 4차 산업혁명 시대에 커뮤니티 리더십을 갖추어야 하는 이유가 바로 여기에 있다.

학벌보다 강력한
커뮤니티 리더십

마음이 불안한 부모들

사실 나는 4차 산업혁명 시대의 특징을 살펴보면서 그다지 새롭다고 느끼지 못했다. 워낙 빠르게 변하는 IT 기술 업계에서 오래 일해서인지 이러한 변화에 이미 익숙해졌기 때문이다.

그러나 IT와 별 관련 없는 사람들은 시대의 변화를 체감하지 못하다가 아이들을 통해서 환경이 바뀌고 있음을 느끼고 관심을 갖는 경우가 많은 것 같다. 가상현실 기술인 MR/VR을 연구하고 강의하는 이경용 MVP가 요즘 중년의 어머니들이 간혹 자신의 강의를 들으러 온다며 의아해했다. 자식의 미래가 걱정되어 코딩을 배우러 온 어머니도 있다고 한다.

4차 산업혁명이 최첨단 기술, 특히 IT 기술을 바탕으로 한 기계에 의해 일어나기 때문에 많은 사람이 지금이라도 컴퓨터 기술을 배워야 하는 것이 아닌가 생각한다. 또한 아이에게 코딩이나 로봇 기술을 가르쳐야 하지 않을까 하는 생각으로 마음이 조급하다.

물론, 나도 두 자녀를 키우는 입장에서 그런 조급함이 들지 않는 것은 아니다. 하지만 단순 컴퓨팅 기술이야말로 로봇이 인간을 대체할 기술 중 가장 앞자리에 놓인다. 국내 대표 IT 기업의 인공지능 연구소에 일하는 지인이 요즘 열심히 자신의 팀에서 일할 직원을 찾고 있다. 웹 디자인과 소프트웨어 개발을 할 줄 아는 사람을 찾고 있는데, 연구소에서 개발 중인 웹 디자인 AI를 가르치기 위해서란다. 그런데 이 AI가 모든 것을 배우고 나면 그 직원은 어떻게 될까? 결과는 굳이 얘기하지 않아도 쉽게 알 수 있다.

배우는 습관의 중요성

물론 기술을 배우고 익히는 것은 중요하다. 하지만 기술이 어떤 식으로 얼마나 빨리 변화할지 모르는 상황에서는 특정 기술을 배우기보다 배우는 습관을 들이고, 배우는 능력을 키우는 것이 더 중요하다. 배움의 주제도 다각화해야 한다. 기회가 어디서 어떻게 올지 모르기 때문이다. 사실 내가 지금의 직업을 갖게 된 것도 수시로 배우는 습관과 능력이 한몫을 한 것 같아, 잠깐 내 얘기를 사례로 공유하고자 한다.

나는 대학에서 영어교육을 전공했다. 딱히 교사가 되겠다는 생각은 없었으나, 선생님도 부모님도 그러길 원하셔서 선택했다. 역시나 대학 수업을 들어보니 영어 교사는 내 적성이 아니었다. 그래서 영자신문사의 학생기자를 해보기로 했다. 어린 마음에 여기자라는 타이틀이 나쁘지 않아 보였다. 하지만 무척 힘들었다. 이런저런 이유로 술을 많이 마셔야 했다. 지금 생각하면 말도 안 되는 일이지만, 그때는 사발식을 수시로 했다. 소주 한 병을 사발에 넣고 한꺼번에 마시는 의식이다. 게다가 한글로 쓰기도 어려운 기사를 영어로 써야 하는 것도 힘들었다. 선배들의 엉뚱한 지시도 나를 힘들게 했다. 첫날부터 다짜고짜 비 내리는 운동장을 돌라고 시켰다. 얼굴도 본 적 없는 한 신입기자가 지각을 했다는 게 이유였다.

어찌어찌 견뎌내며 논리적인 글쓰기, 그것도 영어로 글쓰기를 배워 나갔다. 이왕 시작한 것 끝까지 가보자는 심정으로 결국 국장까지 하며 수습기자 12명을 리드하는 경험도 해보았다. 무엇보다 혹독한 사회생활을 미리 체험해 볼 수 있었고, 이 경험은 센 주량과 함께 내 사회생활의 경쟁력이 되어 주었다.

그리고 영자신문사가 대학에서 운영하는 학생 자치단체였기에 대학의 지원을 받아 학생기자 신분으로 이제 막 문호를 개방한 중국을 3번이나 다녀올 수 있었다. 그걸 계기로 중국어에 대한 호기심이 증폭되어 대학 3학년 때는 휴학하고 중국어를 공부하러 1년간 유학을 떠났다. 중국에서 언어뿐만 아니라 정말 다양한 문화를 배웠고, 중국으로 유학 온 수많은 사람과 교류하며 국제 감각을 익혔다.

학보사 기자 경험과 중국 유학은 나에게 뜻밖의 기회를 제공했다. 내가 졸업할 당시는 IMF 외환위기라는 국가적인 재난이 사회를 강타하기도 했지만, 수많은 인터넷 벤처 기업이 탄생한 기회의 시기이기도 했다. 나는 학생기자였다는 경험을 내세워 공대생들이 모여 만든 인터넷 벤처 회사의 초기 멤버가 되었다. 공대생들이 기술력이 있을지는 모르지만, 사람을 모으는 콘텐츠를 만드는 데는 나의 경험이 꼭 필요하다고 어필한 것이다.

이렇게 인터넷 벤처 회사와 중국 유학 경험이 합쳐진 덕분에 나는 또 다른 기회를 만났다. 현재까지도 온라인 게임과 인터넷 서비스로 유명한 네오위즈 중국 지사에서 근무할 기회를 얻은 것이다. 그 덕분에 중국 상해와 일본에서도 근무하는 소중한 경험을 할 수 있었다.

그리고 인터넷 벤처와 네오위즈에서 일하며 배우고 익힌 경험은 마이크로소프트의 온라인 서비스 담당 프로덕트 마케팅 매니저(PM, Product Marketing Manager)의 기회로 이어졌다. 또한, 그때의 경험은 현재의 기술 인플루언서 매니저가 되는 데 큰 도움이 됐다.

내가 아시아 리전 매니저가 될 때, 다른 나라 동료들과 치열히 경쟁해야 했는데, 그때는 과거에 순수한 호기심에서 공부했던 중국어와 일본어가 의외로 큰 도움이 됐다. 그리고 늘 새로운 사람들과 새로운 역할을 해야 할 때 내 경력 전반에 걸쳐 익힌 배움의 능력이 큰 힘이 되었다. 나는 결코 혼자 하지 않았다. 서로 다독여주며 공부하는 커뮤니티에서 모두 함께 신나고 즐겁게 했다.

다시 강조하는 질문하는 힘, 생각하는 힘

지금 아이를 키우는 입장이라면, 아이에게 컴퓨터가 금세 따라잡을 지식을 익히게 하거나, 단순 반복적인 계산 능력을 키우는 데 너무 많은 에너지를 쓰지 말았으면 한다. 그보다는 아이가 자신만의 스토리를 만들고 강화해 나갈 수 있는 환경을 만들어 주는 게 낫다. 로봇공학자이자 UCLA 기계항공공학과 교수인 데니스 홍은 이렇게 말했다.

"많은 사람이 알다시피 미국에서 한국 유학생들은 '인간 계산기'로 통해요. 정답이 정해져 있는 수학 문제는 기가 막히게 잘, 빨리 풀어내기 때문이에요. 그런데 답이 있는지 없는지 모르는 문제 혹은, 답이 여러 개인 개방형 문제를 내면 딱 막혀버려요. 그리고 질문을 하지 않아요. 질문할 줄 모르는 건지, 질문하기를 두려워하는 건지 모르겠지만, 정말 안타까울 때가 많아요."

데니스 홍 교수는 한국의 코딩 교육에 대해서도 한마디했다.

"한국은 아이들에게 코딩 문법만 가르치려 하는데, 코딩 교육의 핵심은 어떤 문제가 있을 때 이를 해결하기 위해 문제를 정의하고, 이해하고, 논리적으로 해결하는 방법을 배우는 데 있어요. 그러므로 문법 교육도 중요하지만, 아이들에게 추리소설을 직접 쓰게 하고 요리를 배우게 하라고 권하고 싶어요. 추리소설 쓰기는 단계적, 논리적으로 단서를 마련하는 연습을 하는 데 효과적이고, 요리는 다양한 재료들을 섞어서 어떤 맛이 날지 차근히 생각해 보는 훈련을 할 수 있기 때문이죠. 지금처럼 교사가 컴퓨터에 입력할 언어들을 던져주고, 아이들이 그걸 받아 넣어 결과를 내면 끝나는 식의 소프트웨어 교육은 큰 의미가 없어요."

데니스 홍 교수뿐만 아니라 앞에서 소개했던 이노베이션 아카데미의 이민석 교수도 비슷한 이야기를 한다.

"지금은 빡세게 공부하면 안 돼요. 특히나 소프트웨어는 더욱 그렇지요. 수학도 효과적인 방법으로 공부하게 해야 해요. 해결 방법을 찾을 때까지 기다려주고 서로 질문하며 배울 수 있는 환경을 만들어주면 다 잘해요. 선생님이 일방적으로 설명하고 학생들은 받아 적기만 하는 교육 형태는 답을 맞히는 교육엔 유리해요. 반면 문제를 만든 사람을 능가하지 못해요. 왜냐하면 평가기준에 맞추려고 하기 때문이지요. 이런 교육을 받은 학생은 대학생이 되어서도 숙제만 할 줄 알지 스스로 뭘 해야 하는지는 몰라요. 그러니까 수학 공부를 아무리 많이 하고 수학시험을 잘 봐도 수학으로 뭘 할 수 있는지를 모르는 게 문제이지요. 대학이 가장 좋아하는 학생은 잘 배우는 학생이에요. 세상이 변화하는 것을 잘 배우는 학생이요. 그래서 좋은 대학일수록 점점 더 수능 시험이 아니라 수시를 통해 질문하고 생각하는 힘이 있는 학생을 뽑으려고 합니다. 시험이나 학교 성적만으로는 학생의 배우는 능력을 알기 어렵기 때문이지요."

누가 진정한 인재인가?

기성세대에게는 학벌이 보험과 같다. 학벌이 좋으면 먹고사는 데 지장 없을 것이라는 과도한 믿음을 갖는다. 하지만 앞에서 살펴보았듯 시험 잘 치는 요령만 알고 있다면, 실제 사회생활에서 살아남기 어렵다. 스마트한 기계와 경쟁해야 할 가까운 미래는 더 말할 것도 없다.

스스로 생각하고 질문하는 법을 모르거나 또한 내가 한 공부를 어디에 어떻게 써먹어야 하는지 모르면 자신의 밥벌이는커녕 사회에 긍정적인 도움이 되는 인재가 될 수 없다. 실제 학벌 좋은 사람들을 가장 많이 볼 수 있는 곳이 어디인 줄 아는가? 바로 학원가이다. 시험 잘 치는 법은 잘 가르칠 수 있기 때문이다. 그다음이 고시촌이다. 시험이 제일 자신 있기 때문이다.

그런데 내가 만난 수없이 많은 소프트웨어 전문가와 커뮤니티 리더 중 이름난 대학을 나오지는 않았지만, 건실한 기업을 키워낸 사람이 많다. 이들은 사회에 긍정적인 영향을 끼치고 일자리를 만들어내며 우리 사회에 소금 같은 역할을 하고 있다. 나는 페이스북을 통해 이런 소프트웨어 인재, 스타트업 종사자 등 3,500여 명과 친구를 맺고 소통하고 있다. 매일 같이 이들의 도전과 역경을 헤쳐나가며 만든 성공 스토리를 접하면 정말이지 신나지 않을 수 없다. 간단히 누르기만 하면 껐다 켰다 할 수 있는 콘센트 아이디어(부엉이 클릭탭)로 독일에 400만 개 수출을 달성한 사람, 사우디아라비아 사막에서도 식물을 재배할 수 있는 자동 키트를 개발하여 수출한 사람, 멋진 하늘 배경의 비행기 사진으로 성공적인 전시회를 하는 사람 등, 하는 일도 정말 다양하다. 이들은 한목소리로 말한다. 자신의 기업에서 함께 일할 직원을 채용할 때, 학벌은 절대 고려 사항이 아니라고.

지금도 이럴진대 스마트한 기계와 경쟁해야 할 가까운 미래를 상상해 보라. 아이들이 지금 모든 에너지를 쏟으며 하는 공부가 이들 기계엔 어떤 의미일지를. 고작 몇 분이면 출력할 수준일 것이다. 하지만 기계는 제아무리 똑똑해도 자기 스스로 생각할 줄 모른다. 4차 산업혁명 시대, 우리 아이들이 경쟁력을 가질 수 있는 유일한 길은 스스로 질문하고 생각할 줄 아는 능력을 기르는 것이다. 부모가 먼저 커뮤니티 리더십을 이해하고 아이들과 함께 미래를 탐험해 나가야 하는 이유이다.

INTERVIEW 4

전문대가 대수냐,
넥슨 미국 지사 Senior DBA
강성욱

넥슨 아메리카(넥슨의 북미지사)에서 Senior DBA(Database Administrator)로 LA에서 근무 중인 강성욱 DBA는 데이터베이스 시스템이 원활히 운영되도록 전체적인 관리 운영을 책임지는 전문가다. 기업의 중요 자산인 데이터베이스를 다루는 일을 주 업무로 하는 DBA는 기술력과 실무능력이 필요하다. 그것도 전 세계를 대상으로 게임 서비스를 제공하는 넥슨의 방대한 데이터베이스를 다루는 일이라면 그 전문성을 짐작하고도 남는다.

이 정도의 전문성을 가지고 미국에서 일한다고 하면, 유학파이거나 적어도 명문대학을 나왔을 거로 짐작하기 쉽다. 하지만 그는 전문대학에서 모바일 웹마스터를 전공했다. 이후 부산 컴퓨터 도매상가에서 컴퓨터 부품 및 정보기기를 유통하는 일로 사회생활을 시작하였다. 어릴 때부터 장사가 꿈이었고, 사람 만나는 걸 좋아해서 세일즈가 천직인 줄 알았던 강성욱. 그는 어떻게 30대 후반에 미국에서 IT 전문가로 우뚝 서게 되었을까?

온라인 쇼핑몰이 발달하기 전, 전자제품이나 컴퓨터 부품을 사기 위해 많은 사람이 들렀던 곳이 컴퓨터 도매상가다. 전문대를 막 졸업한 강성욱의 첫 직장이 되어 준 곳도 부산 컴퓨터 도매상가다. 그는 2년 동안 누구보다 열심히 IT 기기, 컴퓨터 관련 용품을 유통하는 일을 하였다. 그런데 문득 무언가 탐구하고 성취하는 일을 하고 싶다는 생각이 들었다.

그는 무작정 평생교육원 사이버대학에 등록하고 컴퓨터 공학을 공부하기 시작했다. 직장에 다니면서 공부하는 것이 쉬운 일은 아니지만, 그렇다고 아주 특별한 일도 아니다. 의외로 많은 사람이 주경야독하고 있다. 하지만, 그를 다른 사이버대학 학생과 구별되게 만든 것은 바로 블로그 활동이었다. 2008년 7월, 25살의 강성욱은 자기가 배운 것을 기록하기 위해 블로그 활동을 시작했다. 블로그에 첫 번째로 올린 글에서 그는 세계 최대 기업용 소프트웨어 기업인 오라클을 창업한 래리 앨리슨(Larry Ellison)의 일화를 소개하며 이렇게 썼다.

"래리 앨리슨은 자신을 Mr. Oracle로 칭한다고 한다. 내 꿈은 최고의

DBA가 되는 것이다. 그래서 나는 나를 Mr. DBA라 부르기로 했다."

이렇게 블로그를 통해 DBA가 되겠다는 출사표를 던진 강성욱은 계속 공부하며 경력을 쌓았다. 작은 게임 회사를 시작으로 몇 번의 이직과 창업을 통해 실무 능력을 키운 것이다.

"새롭게 알게 된 것, 공부한 것은 꼭 블로그에 기록했습니다. 이렇게 기록하면, 내가 알게 된 것을 좀 더 명확히 할 수 있는 장점이 있더라고 요. 또한 제가 기록한 것이 다른 사람에게 도움이 되는 것을 보며 큰 성취감도 느꼈습니다."

혈기 왕성한 20대에 최고의 DBA가 되겠다는 출사표를 던졌기 때문이었을까? DBA로 전직하여 넥슨과 같은 큰 기업에서 일할 때도 그는 최고가 되기 위한 노력을 멈추지 않았다.

"이 분야 최고가 되기 위해 데이터베이스 포럼의 질문에 하나도 빠짐 없이 대답해 보기 시작했습니다. 잘 모르는 질문이 나오면 거기에 답변 하기 위해 공부했습니다. 심지어는 비슷한 데이터베이스 환경을 구축 해서 테스트도 해보았어요. 어떤 때는 잠을 2시간 정도밖에 못 잔 적도 있었죠."

이러한 노력에 금전적인 보상은 없었지만, 강성욱은 자신이 목표로 한 꿈을 이루기 위해 계속 노력했다. 이렇게 1년 정도 꾸준히 하니 사람들로부터 '전문가' 소리를 들을 수 있게 되었다. 그리고 그가 포럼에 남긴 피땀 어린 답변은 고스란히 그의 이력이 되었다. 이를 통해 강성욱의 전문성과 커뮤니티 리더십을 확인한 마이크로소프트는 그에게 MVP 어워드를 수여했다.

"마이크로소프트에서 MVP 어워드를 받게 되니 자연스럽게 시야가 넓어지기 시작했습니다. 1년에 한 번씩 본사가 있는 시애틀에 방문하여 전 세계에서 활약하는 같은 분야 MVP, 그리고 본사 엔지니어와 토론하는 것도 신선한 자극이 되었습니다."

그러면서 그는 막연하게 한국이 아닌 다른 나라에서 일할 수도 있겠다는 생각이 들었다. 그런데 우연히 기회가 찾아왔다. 바로 생면 부지의 외국인이 그에게 페이스북으로 메시지를 보내온 것이다. 넥슨 아메리카에서 일할 수 있는 실력 있는 데이터베이스 관리자를 추천해 달라는 메시지였다. 당시 강성욱은 6년 정도 마이크로소프트의 MVP로서 여러 커뮤니티 활동을 한 덕분에 데이터베이스 전문가로 알려져 있었다. 그래서 그에게 데이터베이스 관리자를 추천해 달라는 메시지를 보낸 것이었다. 막연한 꿈이 현실이 되는 순간이었다.

"내가 미국에 가고 싶다고 바로 답장을 보냈어요. 이후 진행된 인터뷰에서도 그간 꾸준히 블로그에 올렸던 글이 큰 역할을 했습니다. 외국인

면접관들이었지만, 제 블로그 콘텐츠의 전문성과 오랜 기간 포스팅한 꾸준함을 높이 평가해 주셨습니다."

하지만 미국에서 일하기 위해 필요한 취업비자(Working Visa)를 받는 일은 또 다른 난관이었다. 매년 미국 상무부가 발표하는 취업비자의 TO는 급격히 줄어드는데 지원자는 점점 늘어나고 있었고, 그래서 비자를 받기 위한 영어 인터뷰를 통과하기가 매우 어려웠다.

"넥슨 아메리카는 미국 LA에 있고 250명의 직원이 있지만, 한국 회사이기 때문에 한국 직원의 비율이 높습니다. 영어가 많이 부족한 저였지만, 입사를 위한 인터뷰에서 영어가 큰 문제가 되지는 않았습니다."

하지만 취업비자를 받기 위한 인터뷰는 달랐다.

"깐깐하게 생긴 미국 대사관 직원이 '미국에도 데이터베이스 엔지니어는 많다. 심지어 영어도 부족한 강성욱 씨를 왜 미국에서 필요로 하는지 모르겠다'고 하더군요. 눈앞이 캄캄해지더라고요. 틀린 말은 아니니까요. 저 말고도 너무나 많은 이민자로 넘쳐나는 미국인 데다 새롭게 취업비자를 받으려는 사람도 셀 수 없을 정도니까요."

그런데 바로 그 순간, 강성욱은 자신이 마이크로소프트 MVP라는 사실을 떠올렸다.

"천천히 면접관의 눈을 보며 말했습니다. 나는 마이크로소프트가 인정한 데이터베이스 분야 전문가이다. 미국 시장뿐 아니라 전 세계에 꼭 필요하다고 마이크로소프트가 인정해 주었다. 이 답변을 듣더니 갑자기 면접관의 위압적인 목소리가 부드러워지더라고요."

그러고는 별다른 질문 없이 비자가 통과되었고 꿈에 그리던 미국 생활이 시작되었다. 사실 전 세계에 데이터베이스 전문가는 많다. 한국에도 DBA 전문가가 많다. 하지만 마이크로소프트는 모든 전문가에게 MVP를 수여하지는 않는다. 많은 전문가 중, 강성욱 씨처럼 꾸준히 자신이 알고 있는 지식을 나누는 사람, 다른 사람의 질문에 답변하고, 커뮤니티를 꾸려 같이 공부하고 성장하기 위해 노력하는 사람을 골라 MVP 상을 준다. 그러니 이러한 사람이 미국 시장에 꼭 필요하다는 말은 틀린 말이 아니다. 미국 시장뿐 아니라 전 세계 어디에서나 필요한 사람이다.

미국으로 이직한 후에도 강성욱 씨의 커뮤니티 사랑은 끝이 없다. SQL Angeles(https://www.facebook.com/groups/SQLAngeles/)라는 LA/OC에 거주하는 한인 IT 커뮤니티 그룹을 만들어 다양한 IT 기술을 함께 공부하고, 회원 간 소통을 도모하고 있다. 이 그룹에서 강성욱 씨는 3개의 스터디 그룹(Database, Programming, Machine Learning)을 운영하고 있다. 대학생부터 직장인까지 매주 자체적으로 모임을 만들고 함께 공부할 수 있도록 운영자 역할을 하고 있다.

미국에서도 계속되는 이런 활동은 자칫 고립될 수 있는 이민 생활에 활력을 주는 데에만 그치지 않았다. 미국 굴지의 테크 기업에서 일하고 있는 한국인들이 연대할 수 있도록 하였고, 이들이 의기투합하여 《우린 이렇게 왔다》라는 책을 출간하도록 이끌었다. 미국의 테크 기업으로 이직한 토종 한국인 25인의 취업 이야기인데, 강성욱 씨의 사례도 함께 실려 있다. 이처럼 그의 영향력은 한국을 넘어 더 큰 세계로 무궁무진하게 뻗어가고 있으며 최근에는 NHN 북미지사로 옮겨 더 큰 도전을 하고 있다.

—
강성욱 DBA의 커뮤니티 공부 성공 키워드
—

나에게 적합한 방식으로 지식을 전달하는 습관을 들여라

"머리로 아는 것과 글로 표현하는 것, 그리고 말로 설명하는 것은 하늘과 땅 차이만큼 큽니다. 스터디에서 발표할 때 제대로 설명하지 못하고 얼버무리는 것은 내용을 이해하지 못했기 때문이라고 생각합니다. 예전에는 알았더라도, 지금 다시 설명할 수 없다면 모르는 것과 같습니다. 저는 스터디를 하면서 저의 부족한 점을 찾을 수 있어서 무척 즐겁고 행복합니다."

그는 끊임없이 함께 공부할 사람을 모아 스터디 그룹을 만들었다. 그리고 스터디 그룹 활동으로 자신이 어렴풋이 알고 있는 지식을 확실한 자기 것으로 만들었다. 내가 알고 있는 지식이 정말 내 것인지 알 방법은 바로 다른 사람에게 제대로 전달할 수 있는지 확인해 보는 것이다. 스터디든, 커뮤니티든 나에게 적합한 방식으로 지식을 전달하는 습관을 들이자.

커뮤니티 공부로 리더십을 연마하라

사실, 커뮤니티를 만들고 운영하려면 열정과 시간을 많이 투자해야 한다. 우선 나와 관심사가 같은 사람을 모아야 하고, 그 사람들과 끊임없이 소통해야 한다. 이외에도 스터디의 주제를 선정하거나 스터디 장소를 섭외하는 등, 실제 공부 이외의 노력 또한 필요하다. 하지만 강성욱 씨의 사례에서 보다시피, 커뮤니티를 운영하면 자연스럽게 다른 사람을 이끄는 리더십과 자신감을 얻을 수 있다. 사회에서 정말로 필요로 하는 사람은 고학력자, 이기적인 사람이 아니다. 누가 시키지 않아도 필요한 일을 스스로 찾아내고 필요한 공부를 하는 사람, 한발 더 나아가 다른 사람들과 협력하여 목표를 이루어 내는 사람이다. 시간 낭비라 생각하지 말고, 지금이라도 공부를 위한 커뮤니티를 만들고 운영해 보자.

공부한 것을 기록하는 습관을 들여라, 그게 내 이력이 된다

최고의 데이터베이스 전문가가 되기 위해 그가 온라인에 남긴 수없이 많은 족적이 어떤 결과를 만들었는지 떠올려 보라. 25살의 강성욱 씨가 Mr. DBA가 되겠노라고 자신의 블로그에 출사표를 던졌을 때 지금의 그를 상상할 수 있었을까? 하지만 그가 하나둘 올린 블로그 포스팅이 10년이 되었을 때, 한글을 모르는 미국의 면접관에게도 통하는 무기가 되었다. 2시간밖에 자지 않으면서 일면식도 없는 사람의 질문에 답변하려고 애썼던 그의 노력은 마이크로소프트의 MVP라는 결실로 이어졌고, 미국이라는 더 큰 세계로 가는 문을 열어주었다. 지금도 드넓은 미국 땅에서 커뮤니티 리더십으로 실력을 쌓고 있는 그에게 어떤 기회가 기다릴지 아무도 모른다. 그의 사례를 통해 알게 된 실천 팁을 하나둘 실천하다 보면, 자신에게도 반드시 기회가 찾아올 것이다.

5장

커뮤니티 리더십으로 글로벌 인재가 되는 법

"저는 커뮤니티에서 무엇을 하든 항상 발표를 먼저 하는 편이었어요. 발표

해야 하니 더 많이 공부하게 되고, 또 열심히 지식을 나누다 보니 자연스럽

게 리더십이 생겨나더라고요. 이런 게 습관이 되다 보니 회사에 들어가서

도 똑같이 했어요. … 이렇게 지식을 나누다 보면 나뿐만 아니라 모두가 한

뼘씩 성장하는 경험도 많이 했고요."

커뮤니티 리더가 되는
첫걸음

일의 본질

앞서 얘기했듯이, 나는 6번의 인터뷰 끝에 지금의 부서인 MVP 팀으로 가게 됐다. 3개월의 지난한 과정을 거쳐 마침내 최종 결정이 내려진 날, 마케팅 부서의 동료에게 기쁜 마음으로 소식을 전했다. 그런데 그때 보인 동료의 반응을 아직도 잊을 수 없다.

"왜 그런 부서에 가는 거야?"

마케팅이나 기술 세일즈 부서처럼 승진이 잘 되거나 급여를 많이 받을 수 있는 부서가 아닌, 누군가를 뒤치다꺼리하는 부서에 왜

가냐는 의미였다. 물론, 주목을 많이 받거나 많은 사람이 알아주는 역할은 결코 아니었지만, 나는 이 부서에 와서 평생 처음 내가 하는 일에 대한 가치를 깊게 생각해 볼 수 있었다. 일을 한다는 것은 무엇인가? 나는 왜 일하는가?

스타트업에서 밤새워 새로운 서비스를 만드는 일도 재미있었고, 치열하고 때론 고달팠지만 마케팅 부서에서 무언가 창조적인 일을 하는 것도 좋았다. 프리랜서 남편의 들쭉날쭉한 수입에 일희일비하지 않고 두 아이를 키울 수 있는 고정 수입이 있다는 것에도 감사했다. 하지만 재미있고 창조적인 일을 하는 시간은 너무나 짧았고, 고정 수입이라고는 하지만 언제든 끊길 수 있다는 불안감 또한 적지 않았다. 그뿐만이 아니었다. 동료와의 끝없는 경쟁, 실적 압박, 시장 상황의 급격한 변동 등 일의 즐거움보다는 스트레스가 턱밑까지 차오르는 시간이 아주 길었다. 일에 대한 스트레스에 시달릴 때마다 '때려 치자, 왜 이렇게까지 일을 해야 해?'라는 생각이 머릿속을 떠나지 않았다.

그러나 MVP 팀으로 와서는 상황이 완전히 달라졌다. 업무 강도도 여전히 높고, 자신을 성장시킬 수 있는 중요한 프로젝트도 없었는데 말이다. 심지어 나를 이끌어주어야 할 매니저는 저 멀리 지구어느 편엔가 있었다. 부서를 옮긴 지 6개월이 넘도록 매니저의 얼굴조차 못 봤다. 내가 부서를 옮긴 지 6개월 후에 그 매니저가 퇴사했기에 나는 아직도 그 매니저의 얼굴을 모른다.

이런 상황인데도 내가 MVP 팀에서 성취감을 느낄 수 있게 된 것은 내가 하는 일에 감사할 줄 아는 사람을 많이 만났기 때문이다. MVP 팀으로 오기 전까지는 내가 하는 일에 "감사합니다"라고 말하는 사람을 만난 적은 손으로 꼽을 정도로 적다. 내가 스타트업에서 만든 서비스를 많은 사람이 썼겠지만, 그 사람들을 직접 만나 '감사합니다'란 말을 들을 일은 거의 없었다. MSN 메신저를 사용하던 1,500만 명의 고객, 그들이 우리 서비스를 좋아하도록 최선을 다했지만, 그들에게 내 일이 과연 어떤 의미가 있었을까? 고객들이 불평하는 소리는 크게 들렸지만, 내가 최선을 다해 제공하는 서비스에 대한 긍정적인 말은 거의 들을 수 없었다.

그러다 내가 하는 일의 가치를 고객의 '감사합니다'란 말로 직접 확인하는 경험을 통해 이것이 일의 본질임을 알게 되었다. 일의 본질은 바로 누군가를 돕고 그로 인해 누군가에게 긍정적인 영향을 끼치는 것이었다.

우리는 모두 일을 한다. 제빵사는 빵 굽는 일을, 소프트웨어를 개발하는 사람은 웹서비스나 모바일 서비스를 만드는 일을.

우리가 어떤 일을 하든, 일하는 목적은 다른 사람을 이롭게 하기 위함이다. 그러므로 인간에 대한 이해가 부족하거나, 인간의 삶을 이해하고 이롭게 하겠다는 마음이 없으면, 어떤 일을 하든 잘할 수 없다. 설령 잘한다고 해도 스트레스 상황이 오면 본질적인 이유에 걸려 넘어진다.

'내가 왜 이런 고생스러운 일을 참고 견뎌야 해?'

선한 의지

  일을 잘하고 싶고, 높은 연봉을 받고 싶은가? 그렇다면 스트레스 상황이 와도 흔들리지 않도록 자신이 하는 일의 본질에 대해 깊이 고민해보아야 한다. 그리고 인간을 이롭게 하겠다는 선한 의지를 지속적으로 가꾸어 나가야 한다. 즉, 인성을 갈고 닦아야 한다. 일본의 베스트셀러 작가 이노우에 히로유키는 자신의 책《배움을 돈으로 바꾸는 기술》에서 다음처럼 말했다.

  "지금 종사하는 분야와 관련된 공부부터 하십시오. 그러나 그 최종점은 '인간을 이해하는 공부'가 되어야 합니다. 어떤 분야의 공부를 한다 해도 마찬가지입니다. 인간을 이해하는 공부란 자신 외에 타인을 아는 공부이기도 합니다. 사회 각계각층의 저자와 일해 본 어느 경험 많은 편집자의 말에 의하면, 분야를 막론하고 가장 높은 곳에 도달한 사람은 예외 없이 인성이 좋은 사람이라고 합니다."

  인성을 가꾸는 가장 좋은 방법은 이노우에의 말처럼 자신 외에 타인을 아는 공부를 하는 것이다. 하지만 말이 쉽지 어떻게 타인을 아는 공부를 한다는 것인가? 이 질문에 대한 답은 내가 만난 수많은 커뮤니티 리더들을 통해서 찾을 수 있었다.

　나는 커뮤니티 리더들에게 왜 주말에 무료 강연을 하고, 누군지도 모르는 사람의 질문에 열심히 답변을 다는지 물어보았다. 커뮤니티 리더들은 대부분 이렇게 답했다.

　"고마워서요. 저도 초보 시절에 커뮤니티 게시판에 많은 질문을 올렸거든요. 그때 얼굴도 모르는 선배 커뮤니티 리더들이 일일이 답변해 주고 가르쳐 주었어요. 이제 제가 그 누군가에게 도움이 되어야 할 차례인 것 같아요. 말하자면 마음의 빚을 갚는 거죠."

　물론 모든 커뮤니티 리더가 이런 선한 의지로 커뮤니티 공부를 지속하고 봉사활동을 하는 것은 아니다. 하지만 크게 성장한 커뮤니티 리더의 대부분은 세계 어딜 가나 이와 비슷한 답변을 해서 나를 감동하게 하고 또 놀라게 했다. 커뮤니티 안에서 다른 사람에게 도움을 받고 또 도움을 주면서, 때로는 사람들 간의 갈등을 해결하려고 노력하는 과정에서 다른 사람에 관한 공부가 자연스럽게 되는 것이다.

　요즘 같은 각박한 세상에 이렇게 순수한 답변을 하는 이들에게 둘러싸여 일한다는 것은 정말 행운이다. 모두 나와 같은 일을 할 수는 없겠지만, 지금이라도 순수하고 선한 의도로 커뮤니티 공부를 시작할 수는 있을 것이다. 그러면 인생을 보는 관점이 바뀌고 성공한 사람들의 공통점인 '좋은 인성'을 연마할 수 있다.

가르치는 공부는
힘이 세다

기억력을 높이는 남 가르치기

앞서 우리는 세계 굴지의 기업이 원하는 인재의 특성을 살펴보았다. 학벌이나 전공, 그리고 자격증 같은 스펙은 고려 대상이 아니었다. 이들이 원하는 사람은 리더십을 가지고 쉼 없이 배우는 사람, 혼자가 아니라 구성원과 함께 성장하는 사람이다. 그리고 이런 능력은 커뮤니티 공부로 연마해 나갈 수 있음도 살펴보았다. 그러면 도대체 커뮤니티 공부의 어떤 특징이 그런 마법을 부리는 것일까?

우리가 초·중·고, 대학을 거치면서 한 공부를 떠올려 보라. 대부분 선생님이 지식을 일방적으로 전달하고, 그것을 달달 외우는 공부를 했을 것이다. 하지만 아쉽게도 이런 식의 공부법은 공부한 내용을 기억하는 데 있어 가장 비효율적이다.

1950년대 러시아의 인공위성(스푸트니크호) 발사에 충격받은 미국은 학생의 학업성취도를 높일 수 있는 효과적인 공부법을 찾기 위해 다양한 연구를 진행했다. 그리고 연구 끝에 '학습 피라미드'라는 이론을 만들었다. 학습 피라미드를 보면 수업 듣기의 기억률은 5%, 홀로 책 보기의 기억률은 10%, 남 가르치기의 기억률은 90%다. 이처럼 남 가르치기는 수업듣기보다 무려 45배에 달하는 기억률을 보였다.

그렇다면 남 가르치기는 어떻게 학습 기억률을 높이는 것일까? 첫째, 어떤 개념을 설명하거나 전달하기 위해 스스로 공부하고 준비하기 때문이다. 바로 이 준비 과정에서 복습과 연습의 기회를 얻게 되어 기억력이 자연스럽게 향상된다. 수업을 듣는 학생은 1시간만 공부하지만 선생님은 어떤가? 가르칠 내용을 먼저 이해하고, 어떻게 전달할지 고민하고, 또 자료를 만들면서 한 번 더 공부한다. 가르치는 과정에서 수없이 복습이 이루어지는 것이다.

둘째, 남을 가르칠 때는 말로 설명하는 경우가 많다. 이렇게 말로 설명하면, 듣기만 할 때보다 뇌의 여러 부분을 동시다발적으로 더 많이 사용하게 된다. 뇌의 많은 부분을 동시에 사용하는 만큼 기억력은 향상된다. 실제로 혼자 공부할 때는 잘 이해가 안 가던 내용도 남에게 설명하다 보면 이해가 되는 경우가 종종 있다. 심지어 내가 어떤 부분을 잘 모르고 있는지도 단번에 알 수 있다.

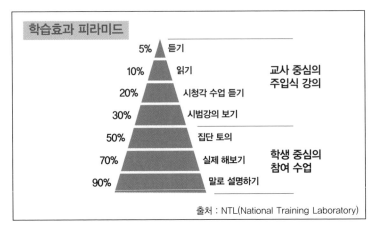

학습효과 피라미드

5%	듣기	교사 중심의 주입식 강의
10%	읽기	
20%	시청각 수업 듣기	
30%	시범강의 보기	
50%	집단 토의	학생 중심의 참여 수업
70%	실제 해보기	
90%	말로 설명하기	

출처 : NTL(National Training Laboratory)

말로 설명하면 듣기만 할 때보다 뇌의 여러 부분을 동시다발적으로 더 많이 사용하게 되어 학습효과가 높다.

셋째, 남을 가르치다 보면 이전에 미처 생각하지 못했던 의문이 떠오르는 경우가 많다. 혹은 다른 사람이 하는 질문을 들으면서 자신 또한 그러한 질문이 생기기도 한다. 내 경우 본사 회의에 참여할 때, 이런 경험을 많이 한다. 회의는 주로 질문과 답변으로 이루어지는데, 회의 초반에는 딱히 질문거리가 떠오르질 않는다. 그러다 유럽이나 미국 등, 질문이 일상화된 직원들의 질문을 듣다 보면, '그러게, 그건 왜 그런 거지?' 하며 뇌가 활성화되는 느낌을 자주 받게 된다. 문제해결을 위해 뇌에서 지식화학 작용이 일어나 논리 회로를 가동하기 때문이다. 그로 인해 기억력도 훨씬 향상된다.

온전히 내 것으로 만드는 커뮤니티 공부

남 가르치기를 다른 말로 바꾸면, '서로 설명하기'이다. '서로 설명하기' 학습법을 가장 잘 이용하는 민족은 유대인이다. 유대인은 하브루타라는 서로 설명하기 학습법을 어려서부터 가정과 학교에서 익힌다. 유대인은 아이들이 짝을 지어 질문하고, 대화하고, 토론하고, 논쟁하게 함으로써 소통의 달인이자 공부의 달인으로 키워낸다.

최근 이런 공부법을 한국에 도입하기 위해 많은 실험이 이루어지고 있다. 부산의 한 초등학교에서 26명씩 두 반으로 나누어 하브루타 수업과 일반 수업으로 진행한 결과, 하브루타 수업을 받은 그룹이 일반 수업을 받은 그룹보다 기초탐구능력, 통합탐구능력, 과학탐구능력 성취도가 더 높은 것으로 나타났다. 전 세계 민족 중 노벨상 수상자가 제일 많은 민족이 유대인이다. 또한 마이크로소프트, 구글, 페이스북 등 내로라하는 IT 기업의 창립자가 모두 유대인이다. 이런 점을 볼 때, 하브루타가 얼마나 효과적인 공부법인지 잘 알 수 있다.

혼자서 공부하는 것이 아니라, 서로 가르치며 배우는 커뮤니티 공부는 하브루타에 가장 근접한 공부법이다. 커뮤니티에서 어떤 주제를 정하면 회원들은 다른 회원에게 자신이 가진 지식을 나눠주기 위해 주제와 관련된 내용을 공부하고 정리한다. 또한 발표 자료를 만들면서 복습한다. 그리고 발표하면서, 즉 말로 설명하면서 뇌의 여러 부분을 동시다발적으로 활용하며 한 번 더 공부한다. 이게 끝이 아니다. 발표를 마치고 나면 모든 방향에서 질문이 쏟아진다. 다양한 사람이 모인 커뮤니티다 보니 질문이 어디에서 어떻게 나올지 도무지 알 수가 없다. 질문에 답변하려고 노력하다 보면 뇌의 지식화학작용이 더욱 폭발적으로 일어난다. 커뮤니티 공부야말로 지식을 온전히 내 것으로 만드는 공부법인 것이다.

현장에서 통하는
살아 숨 쉬는 공부

교실 밖 공부

커뮤니티 공부의 놀라운 공부 효과는 여기서 끝이 아니다. 자신이 공부하고 싶은 주제를 실제 사례를 통해 할 수 있다는 장점이 있다. 사회 변화에 대비하여 어떤 교육법을 도입해야 하는지에 대해 가장 많이 고민하는 것은 당연히 교육계다. 4차 산업혁명 시대의 교육은 어때야 하는지 연세대 신임 총장 양유열 교수는 중앙일보와의 인터뷰에서 이렇게 말했다.

"4차 산업혁명 시대에는 능동적 학습과 문제해결 능력이 뛰어난 사람이 인재입니다. 그러므로 학생들이 교실 밖으로 뛰쳐나가게 해야 합니다. 연세대는 사회적 문제 해결을 위해 88개 강좌와 35개 창업 강좌를 만들었습니다. 그리고 눈을 부릅뜨고 문제를 찾으라고 말합니다."

교실 밖 공부는 하버드 대학에서도 가장 강조하는 부분이다. 여성조선에서 《하버드 아침 습관》이란 책의 리뷰를 쓰며 아래와 같이 말했다.

"수업 듣고 도서관 갔다가 귀가. 이런 패턴이라면 성공하기 어렵겠다. 하버드대학생들은 매주 20시간가량 과외활동에 참여하고 있다. 두 가지 이상의 과외활동에 참여하는 학생의 비중이 70%를 차지한다. 하버드를 졸업한 저명인사들은 수업 외 활동에 많은 시간을 할애했다. 오바마 대통령 역시 재학 시절 과외활동을 매우 중요시했다. 그는 〈하버드 로(Law) 리뷰〉 역사상 최초의 흑인 편집장이었는데, 독창적이고 심오한 편집 논평으로 시카고대학교 법학대학원 마이클 매코넬 교수에게 깊은 인상을 남겼다. 매코넬 교수는 오바마의 재능을 가장 먼저 알아본 사람이다. 당시 오바마에게 시카고대학 겸임강사 자리와 사무실, 컴퓨터를 마련해줬다. 겸임강사 경험은 훗날 사교와 공식 연설 분야에서 압도적인 재능을 드러낼 수 있도록 도왔다."

원하는 커뮤니티가 없다면 스스로 만들어라

커뮤니티를 통해 공부하면 자신이 관심 있어 하거나, 혹은 풀고 싶은 문제와 관련된 내용을 곧바로 공부할 수 있다. 수많은 커뮤니티 중에서 내 관심사에 맞는 커뮤니티를 고르기만 하면 된다. 만약 그러한 커뮤니티가 없다면 스스로 만들어도 된다. 실제로 당장은 해당 기술에 대한 지식은 없지만, 커뮤니티를 만들어 관심 있는 사람을 모아 함께 공부하며 실력을 쌓아 해당 기술 분야의 전문가가 된 사례도 많다.

현재 NHN의 AI 연구팀에서 일하고 있는 송호연 씨가 대표적 사례이다. 대학에서 컴퓨터 공학을 전공했지만, AI 기술에 대한 지식이 전혀 없던 그는, 우연히 AI 기술을 함께 공부하는 페이스북 커뮤니티인 한국 텐서플로(TensorFlow)에 합류하게 되면서 AI 기술에 흥미를 느끼게 됐다. 이후엔 판교에서 일하며 자신과 같이 AI 기술을 배우고 싶은 사람을 모아 작은 스터디 그룹을 만들었다. 스터디 그룹을 맡아 키워가다 보니 관련 분야 사람도 알게 되고, 리더가 되어 공부한 내용을 가르치다 보니 더 빨리 효과적으로 공부하게 되었다. 그렇게 1년 정도 시간이 흘러 NHN AI 연구원으로 채용되어 커뮤니티에서 공부한 AI 기술을 실전에 활용하고, 또 더 깊은 공부를 하게 되었다.

부산에서 35살의 늦은 나이에 커뮤니티 공부로 프로그래밍을 시작한 주민규 리커시브소프트 대표도 좋은 예이다. 주민규 대표는 젊은 시절 일본 관광 가이드를 하며 3명의 자녀를 키우는 가장이 었다. 외환 딜러 생활도 잠깐 했지만, 사실은 컴퓨터 프로그래밍을 좀 더 배워보고 싶은 갈망이 있었다. 대학 시절 봉사활동 겸 미국에서 잠깐 생활했는데, 그때 웹 페이지를 관리하는 등 컴퓨터와 친하게 지내고, 개인적인 호기심도 강했기 때문이다. 그러던 중 스티브 잡스의 아이폰이 촉발한 앱 시장이 열렸다.

"생업이던 일본 관광 가이드와 외환 딜러 일을 일단 그만두었습니다. 정말 살고 싶지 않다는 생각이 들 만큼 스트레스가 심했거든요. 그런데 막상 일을 그만두자 돈이 너무 없어서 카드 빚을 내며 생활했어요. 그렇다고 하고 싶지 않은 일을 다시 할 수는 없어서 결단을 내렸습니다."

그는 아이폰 앱 개발과 관련된 공부를 하고 싶어서 부산 지역에서 자신과 같이 공부할 사람을 모아 커뮤니티를 만들었다. 그렇게 만들어진 것이 '부산 스마트앱 개발자 포럼'이다. 이렇게 판이 짜지자, 정말 다양한 사람이 모이기 시작했다. 부산 경남 지역 대학의 교수부터 실제 개발을 업으로 하는 사람, 주민규 대표처럼 공부를 시작해 보고 싶은 사람까지... 주민규 대표는 늦게 시작한 만큼 조금도 시간을 낭비하고 싶지 않았다. 그는 각종 스터디, 포럼, 세미나를 커뮤니티 리더가 되어 주최하고, 발표도 열심히 했다.

"교수님도 계시고 업계에서 실제 일하고 계신 분도 있다 보니, 공부하다가 생긴 궁금증을 해결하기 쉬웠어요. 또 그분들의 발표를 들으며 정말 살아 있는 공부를 할 수 있었습니다."

살아 있는 커뮤니티 공부 덕분에 주민규 대표는 늦게 시작했지만, 지식을 확실하게 자기 것으로 만드는 공부를 할 수 있었다. 지금은 커뮤니티 공부를 함께하던 교수님의 소개로 대학에서 강의도 꾸준히 하고 있고, 자신의 회사를 설립해서 하고 싶은 일을 하며 수입 걱정 없이 살고 있다. 무엇보다 함께 공부하고 성장하는 커뮤니티 회원들과의 네트워크는 무엇과도 바꿀 수 없는 큰 자산이 되었다.

함께 공부하는 커뮤니티의 힘, 네트워크

　사실 커뮤니티 공부가 큰 위력을 발휘하는 것은 어디에서도 쉽게 만들 수 없는 인적 네트워크 때문이다. 커뮤니티는 특정한 주제 아래 만들어지기 때문에 주제에 관심 있거나 열정 있는 사람이 자연스레 모인다. 순수하게 그 분야에 관심이 있어 참여하는 학생도 있지만, 이미 그 분야에서 실무를 맡고 있거나, 사업하고 있는 사람이 최근의 기술 트렌드를 익히기 위해 참여하는 경우도 많다.

　앞에서 살펴본 대로 마이크로소프트와 같은 외국 기업, 그리고 IT 업계나 스타트업은 대규모 공개 채용을 하지 않는다. 대신 상시 채용을 한다. 우리나라 대기업이나 중소기업도 공개 채용은 줄이고 상시 채용을 선호하는 추세다. 현대자동차그룹은 올해 2월 대기업으로는 처음으로 '공개채용 폐지'를 선언했다. '수시채용'만으로 신입사원을 뽑는다는 얘기다. 올 7월에는 SK그룹도 공채를 없앤다고 발표했다. 다만 취준생의 혼란을 줄이기 위해 2~3년의 유예 기간을 거쳐 완전 수시채용 방식으로 전환한다.

이처럼 기업들이 공채에서 수시채용으로 방향을 전환하는 이유는 일자리 규모가 줄어든 때문이기도 하고, 해당 직무에 꼭 맞는 직원을 필요한 시기에 채용하여 회사를 운영하는 것이 훨씬 효율적이기 때문이기도 하다. 이렇게 수시채용이 확대되면, 인적 네트워크가 더욱 중요해진다. 자신의 가치와 능력, 그리고 인성을 잘 알고 있는 사람으로 구성된 좋은 네트워크를 많이 가질수록 좋은 기회도 많아질 수밖에 없다. 힘이 되는 네트워크의 중요성을 단적으로 보여주는 사례로 광고업계에서 IT 업계로, 그리고 영화계로 종횡무진 활약하고 있는 정근욱 부사장을 소개하고 싶다.

한국의 역대 흥행 상위권 영화인 관상, 암살, 조선명탐정, 택시운전사 등을 기억하는 사람이 많을 것이다. 이들 영화가 모두 정 부사장의 손을 거쳤다. 최근에는 중국 최대 엔터테인먼트 회사인 화이브라더스와 손잡고 글로벌 콘텐츠 회사를 지향하는 신설법인 '메리크리스마스 엔터테인먼트'를 만들어 또 다른 흥행 신화를 쓰기 위해 절치부심 중이다.

"사실 광고 만드는 일, 외국계 기업의 비즈니스를 총괄하는 일, 그리고 지금 하는 영화 만드는 일은 매우 다르죠. 아마, 저 혼자 맨땅에 헤딩하면서는 못 했을 것 같아요. 커뮤니티에서 오랜 기간 아무런 사심 없이 만나고 같이 공부한 선배들이 있으니 겁 없이 뛰어들 수 있었고 또 그들과 함께 성장할 수 있었죠."

정근욱 부사장은 대전에서 고등학교에 다녔다. 어릴 때부터 막연히 영어가 좋았다고. 대전에서 고등학생을 중심으로 조직된 영어 회화 서클을 시작으로 대학에 와서도 열심히 커뮤니티 활동을 했다. 특히 대학에서 활동했던 영어 회화 동아리는 서울 시내 대학 연합 동아리였는데, 여러 대학에 다니는 다양한 학생이 모였다.

영어가 재미있다는 순수한 이유로 모였기 때문에 서로 긍정적인 자극을 주고받고 발표회도 하면서 더 열심히 공부하게 되었다고 한다. 특히 커뮤니티에서 열심히 활동하는 선배 중에는 '오성식 생활영어'로 유명한 오성식 씨도 있었고, 장수천 코넬대 교수도 있었다고. 그런 선배를 보면서 자연스럽게 글로벌 회사에서 일할 수 있는 역량이 길러져 LG 애드를 거쳐 마이크로소프트에서 임원으로 일하게 되었다.

"저는 커뮤니티에서 항상 발표를 먼저 하는 편이었어요. 발표해야 하니 더 많이 공부하게 되고, 또 열심히 지식을 나누다 보니 자연스럽게 리더십이 생겨나더라고요. 이런 게 습관이 되다 보니 회사에 들어가서도 똑같이 했어요. 어디에서든 지식을 나누면서 내 지식이 정리되는 경험을 많이 했어요. 그리고 이렇게 지식을 나누다 보면 나뿐만 아니라 모두가 한 뼘씩 성장하는 경험도 많이 했고요."

특히 커뮤니티에서 만난 좋은 동료와 선배가 지금의 그를 있게 하는 데 큰 도움이 되었다고 한다. LG 애드에서 광고 만드는 일로 처음 사회생활을 시작했을 때도, 마이크로소프트의 MSN 사업부로 옮길 때도, 영화 업계로 이직했을 때도 모두 커뮤니티에서 만난 선배의 길을 따라갔다.

"저는 특별히 꿈이나 비전이 내 안에서 나오지는 않았던 것 같아요. 너의 꿈이 무엇이냐 그러면 사실 잘 모르겠다고 답했던 것 같아요. 커뮤니티 활동도 공부나 성공을 목적으로 하지는 않았어요. 그냥 재미있어서 했는데, 하다 보니 경험하고 성장하는 데 큰 도움이 되더라고요."

성공한 사람들이 모두 멋진 꿈과 비전을 스스로 만들어냈다고 생각하기 쉬우나 사실은 이렇게 함께 성장하는 과정에서 만들어지는 경우가 많다. '내 꿈은 무엇이지?'라고 막연하게 고민만 하지 말고 커뮤니티에서 재미있고 신나는 영역의 공부를 열심히 하다 보면 꿈이 생겨나기도 하고 뚜렷해지기도 한다.

다양한 분야를 넘나들며 여러 영역을 융합하는 능력은 결국 커뮤니티라는, 오랫동안 함께 성장해온 네트워크의 힘으로 만들어진 것이다. 마지막으로 정 부사장은 명리학을 인용하며 이렇게 말했다.

"사람은 원래 불완전하게 태어난다고 해요. 그래서 내게 없는 것을 어떻게 얻을 것인가가 인생의 핵심 질문이 되는 것이지요. 그러므로 타고난 내 것을 어떻게 운용하여 내게 없는 것을 어떻게 얻을 것인가를 고민해야 해요. 그러려면 내가 가지고 있는 것을 먼저 나누어야 해요. 그때 놀라운 마법이 일어나는 거죠."

커뮤니티 리더십으로
글로벌 역량 키우는 법

'어디서' 보다 '어떻게'가 중요

자녀를 글로벌 인재로 키우겠다며 어릴 때부터 유학을 보내는 부모가 많다. 혹은, 외국에서 대학을 나오면 글로벌 인재가 되겠거니 하는 기대로 무리하여 유학을 보내는 경우도 많다. 하지만 유학이 오히려 독이 될 때가 있다. 특히, 전공에 대한 깊은 고민 없이 무작정 유학길에 오르거나, 부족한 영어와 소심한 성격 탓에 현지 네트워크를 만들지 못할 경우, 졸업 후 십중팔구 어려움에 직면하게 된다. 네트워크를 중요하게 여겨 커뮤니티에 적극적으로 참여하며 공부하는 인도나 중국 유학생보다 한국 유학생의 취업률이 월등히 떨어지는 것만 보아도 알 수 있다.

미국 내 한국 출신 유학생은 인도 출신의 40%, 중국 출신의 19%인 6만 명 정도다. 하지만 취업비자를 취득한 한국인 수는 인도인의 40분의 1 수준, 중국인의 10분의 1 수준이다. 여러 가지 이유가 있겠지만, 설득력 있는 이유 중 하나는 한국 학생들의 공부 방법이 취업에 도움이 되는 네트워크를 쌓는 데 전혀 도움이 안 된다는 것이다.

나는 업무 특성상 싱가포르나 호주 등에서 각종 IT 커뮤니티 사람들을 많이 만나는데, 현지인과 섞여 있는 인도나 중국 사람을 만나는 것은 어렵지 않다. 하지만 이런 커뮤니티에서 한국인을 만나는 것은 하늘의 별 따기다. 그렇다고 한국인이 공부하지 않는 것은 아닐 것이다. 도서관에 가 보면 비지땀을 흘리며 열심히 공부하는 한국 학생을 쉽게 만날 수 있다.

문제는 이렇게 열심히 공부해도 취업으로 이어지기는 어렵다는 것이다. 우리나라도 그렇지만, 외국의 경우 경력 위주로 수시채용을 한다. 따라서 자신의 전공과 관련된 업체에서 인턴을 하든가, 관련 커뮤니티를 찾거나 만들어 실용적인 공부를 하지 않으면 취업은 안드로메다만큼 먼 이야기가 된다.

그래서 무작정 유학하기보다는 커뮤니티 공부로 간접 유학을 해보라고 권하고 싶다. 커뮤니티 공부를 잘 활용하면 외국에서 유학한 것과 같은 효과를 얻을 수 있다. 이와 관련하여 오픈스택(OpenStack) 커뮤니티 리더로 활동하다 최근 마이크로소프트에 입사한 최영락 차장의 사례를 살펴보자.

최 차장은 외국에서 유학한 경험이 없다. 대학원 시절 캐나다 워털루 대학에서 6개월간 교환 학생을 한 것이 전부다. 그곳에서 우연히 오픈스택이라는 비영리 단체의 클라우드 컴퓨팅 오픈 소스 프로젝트를 접하게 됐다.

"처음에는 정보전자융합 석사를 거쳐 박사과정까지 밟으려 했어요. 그런데 공부를 더 해보니 밤새워 가며 연구하는 것이 제 적성에는 맞지 않더라고요. 연구는 정말 그 분야가 너무 좋아 미친 사람이라야만 견딜 수 있는 것 같아요. 심지어 조금 느슨할 거라 예상했던 캐나다 교수님들과 연구원들도 밤새워 공부하더라고요."

그는 외국에서 더 공부하는 것 대신 오픈스택의 커뮤니티 활동을 글로벌하게 하기로 마음먹었다. 중간에 네트워크 관련 스타트업에서 일하기도 하고 의료 관련 업체에서 근무하기도 했지만, 오픈스택 커뮤니티 활동을 그만두지는 않았다.

"한번은 오픈스택의 국제화 팀의 리더가 그만둔다고 하더라고요. 공부한다는 마음으로 제가 리더를 해보겠다고 했어요. 국제화 팀장으로 1년 동안 활동하면서 독일, 프랑스 등 다양한 국적의 팀과 일했어요. 부족한 영어 실력도 점점 늘더라고요."

그뿐 아니라 오픈스택의 글로벌 콘퍼런스도 트레블 써포트

(Travel Support)라는 지원 프로그램을 통해 무료로 다녀왔다. 국제 콘퍼런스에서 각종 회의에 참석하다 보면 외국 유학을 다녀온 것보다 더 큰 자극을 받고 국제적인 감각을 기를 수 있다. 이러한 커뮤니티 활동을 통해 길러진 국제적인 감각과 알찬 인맥 덕분에 그는 마이크로소프트에서 일할 기회를 잡을 수 있었다. 그의 매니저는 말레이시아에서 일하고 있는 인도 여성이다. 그는 하루에도 몇 번씩 전화로 영어 회의를 하고 업무를 진행한다. 마이크로소프트 이전에는 외국계 기업에서 일한 적도 유학을 한 적도 없는 그였지만, 업무에 아무런 문제가 없다. 관련 경험을 커뮤니티 안에서 쌓아왔기 때문이다.

외국어 공부도 커뮤니티로

나는 마이크로소프트 미국 본사 소속으로 아시아 리전 매니저를 맡고 있다. 내가 관리하는 팀원들은 모두 아시아 각 지역에 흩어져 있다. 그리고 내 매니저를 포함한 대부분의 팀은 미국 시애틀 본사에 있다. 따라서 특별한 경우를 빼놓고는 한국어보다 영어로 더 많은 회의를 한다. 지금의 모습만 보면 내가 유학파거나 어릴 적부터 영어에 노출되는 환경에서 공부했을 것으로 생각하는 사람이 있을까 봐 내 얘기를 잠깐 하고자 한다.

나는 거제도에서 학창 시절을 보냈다. 내가 처음으로 서울 땅을 밟아 본 것은 고등학교 3학년이 되기 직전이었다. 이때 온 식구가 장장 8시간(당시엔 그 정도 걸렸다) 동안 버스를 타고 서울의 주요 대학을 견학했다. 부모님이 나름 큰마음을 먹고 생업을 잠시 미뤄가며 고3 딸의 대학 입시를 응원하는 마음으로 기획한 이벤트였다. 나는 초등학교 1학년 때부터 6학년 때까지 늘 1반이었다. 한 학년에 한 반밖에 없었기 때문이었다. 대학을 오기 전까지 영어 학원이라고는 구경한 적도 없었다.

대학에 들어와서는 영어연극 동아리 활동을 열심히 했다. 그때 선배 언니들이 발음이 정확하지 않으면 야단을 심하게 쳤다. R 발음과 L 발음을 구분하기 위해 하루에도 수십 번 연습하고 또 연습했다. 하지만 그 연습 덕분에 오늘날의 내가 있다고 생각한다.

발음이 부정확하면 아무리 영어를 잘해도 외국인과 대화가 힘들다. 반대로 영어 실력은 보통이어도 하고자 하는 말을 쉬운 말로 정확히 발음하면 적어도 대화는 통한다. 대화가 통하기 시작하면 조금씩 수준 높은 영어 구사가 가능해진다. 상대방이 하는 말을 따라 하는 미미킹(mimicking)이 자연스럽게 일어나기 때문이다. 아이들이 언어를 배울 때 일어나는 '모방' 과정이 바로 미미킹이다.

그런데 마이크로소프트에 입사해도 실제 영어로 말하고 쓸 일은 이 팀에 오기 전까진 많지 않았다. 팀원이 모두 한국에 있고, 고객이 한국인인 경우엔 딱히 영어를 쓸 일이 없기 때문이다. 그래서 영어 실력이 제자리걸음이었다. 본사 출장을 가서도 반은 알아듣고 반은 전혀 못 알아들었다. 그냥 남들이 웃으면 같이 웃고 그랬다. 그런데 옮겨온 팀은 완전 다른 상황이었다. 하루하루가 영어와의 전쟁이었다.

처음엔 일단 외웠다. 본사에서 날아온 영어 이메일을 프린트해서 읽고 또 읽으며 거의 외우다시피 했다. 그래야 영어 메일을 그 정도 수준으로 쓸 수 있겠다는 생각이 들어서였다. 이전 팀에선 영어 메일을 쓸 일이 1주일에 한두 번 정도였지만, 이 팀에서는 거의 매일 써야 했다. 메일 하나 보내는 데 시간이 엄청나게 걸렸다. 틀린 게 없나 매번 확인하며 쓰니 어쩔 수 없었다.

나중에 호주와 뉴질랜드 MVP를 맡게 되었을 땐 더 가관이었다. 이 사람들이 영어를 하는 게 맞는지 의심할 정도로 무슨 말인지 하나도 못 알아듣겠는 거다. 게다가 말은 또 왜 그리 많은지, 독특한 호주식, 뉴질랜드식 억양으로 주저리주저리 횡설수설하는데, 알아듣는 척하느라 무척 힘들었다.

그렇게 몇 개월이 흘렀을까? 천천히 변화가 생겼다. 예전에는 1시간 넘게 걸려 완성하던 영어 이메일이 50분, 40분, 30분으로 줄어들더니 나중에는 10분밖에 안 걸렸다. 그리고 줄어든 영어 작문 시간만큼 영어 말하기가 쉬워졌다.

한국에서 영어를 공부한 사람들은 보통 한국말로 생각하고 다시 그걸 머릿속에서 영어로 바꾸어 입 밖으로 낸다. 대화 중간마다 생각할 시간이 필요하니 대화가 원활히 이어질 리 없다. 대화가 어떻게든 이어져야 영어 말하기가 느는데 이렇게 되면 실력을 늘릴 기회가 아예 없어져 버린다.

한국에서 영어를 공부하는 나 같은 일반인은 일단 영어 쓰기, 즉 작문을 먼저 생활화해 보라고 권하고 싶다. 그런 환경을 만들기 위해 외국인과 일할 수 있으면 좋겠지만, 그럴 수 없다면 앞서 사례로 든 최영락 차장처럼 글로벌 커뮤니티에서 활동해 보라. 거창한 활동을 하라는 것이 아니다. 관심 있는 주제의 그룹을 페이스북 등에서 찾아 들어가서 정기적으로 정보를 나누면 된다. 혹은 내가 배우고 싶은 주제의 글을 올리는 외국인의 트위터나 유튜브를 팔로우하며 매일 영어로 코멘트를 적는 것도 괜찮다. 그냥 매일 영어 작문을 할 수 있으면 된다.

처음에 작문할 때는 시간이 오래 걸려도 문법적으로 완벽한 문장을 쓰기 위해 노력하는 것이 좋다. 그래야 영어로 말할 때도 정확히 말 할 수 있게 된다. 처음부터 대충 쓰기 시작하면 아무리 노력해도 실력이 늘지 않는다.

자신이 쓴 영어 작문은 큰 소리로, 그리고 최대한 정확한 발음으로 입에 붙을 때까지 읽어본다. 외국인이 앞에 있다고 생각하고 말을 하듯이 해보는 거다. 결국 내가 쓴 영어 문장을 말하는 것이 영어 회화 아닌가? 내가 대학 때 했던 영어연극 동아리 같은 커뮤니티를 주변 사람들과 만들면 재미있고 효과적으로 영어 공부를 할 수 있을 것 같다는 생각도 든다. 연극 대사를 외우며 영어 문장을 정확한 발음으로 무한 반복할 수 있어 최고의 학습 효과를 얻을 수 있다. 재미는 덤이다.

영어는 매일 반복적으로 활용하지 않으면 실력이 늘지 않는다. 그리고 늘었다고 해도 쓰지 않으면, 다시 제자리로 돌아온다. 모든 외국어가 마찬가지다. 외국 유학으로 큰돈과 귀한 시간을 써도 한국에 돌아와 사용하지 않으면 아무 소용이 없다. 따라서 한국에 있더라도 내가 재미있어하는 주제로 매일 외국어를 쓸 수 있는 환경을 만드는 게 외국어를 익히는 가장 좋은 방법이다.

밋업 닷컴(http://www.meetup.com)은 글로벌한 서비스로 각종 커뮤니티 모임을 연결해 주는 서비스이다. 여기에서 관심 있는 주제의 밋업을 찾다 보면, 한국에 와 있는 외국인과도 쉽게 연결될 수 있다. 또한 글로벌한 오픈소스 커뮤니티에서 리더로 활동하면, 기술과 함께 영어를 공부할 기회도 많아진다. 이처럼 어학도 커뮤니티 공부로 마스터할 수 있다. 그것도 재미나게 공부하면서 말이다.

외국에서 더욱 빛을 발하는 질문하는 습관

앞에서도 무수히 학벌이 아닌 실력, 그것도 스스로 질문하고 생각하는 힘의 중요성에 대해 강조하였다. 이러한 힘은 외국에서 생존하는 데 필수 요소이다. 뉴욕 IAC에서 시니어 프로덕트 매니저(Senior Product Manager)로 일하고 있는 정재화 씨의 흥미진진한 얘기가 좋은 사례가 될 수 있겠다. 지금은 뉴욕에서 두 자녀의 아버지이자 잘나가는 스타트업의 매니저로 일하고 있지만, 그는 외국에서 한 번도 공부한 적 없는 경북 김천 출신의 토종 한국인이다. 고등학교 때는 얼마나 열심히 놀았는지, 고등학교 3학년 1학기가 될 때까지 한 번도 수능 모의고사를 친 적이 없었다고 한다. 시험 때마다 학교에 안 갔기 때문이다. 하지만 함께 놀던 친구들이 범죄에도 연루되는 등 점점 심각한 상황이 되자 그 친구들과 멀리 떨어질 방법으로 서울에 있는 대학에 가겠다고 결심했다

이렇게 결심이 서자 하루에 1시간만 자면서 공부하는 신공을 발휘했다. 덕분에 한성대학교 멀티미디어학과에 입학했다. 공부를 늦게 시작해서인지 다른 학생들이 대학 입학 후 몰두하는 연애나 음주 등에는 전혀 관심이 없었다. 대신 우연한 기회에 영어 공부에 대한 열망이 생겼다.

"친구와 함께 술을 마시고 있었어요. 우리 뒷자리에서 영어로 대화하는 한국 사람들이 있었는데 친구가 심하게 뭐라고 하는 거예요. 한국 사람이면 한국말을 할 것이지 하면서요. 하지만 저는 그게 무척 이상하더라고요. 영어를 잘하는 게 뭐 어때서? 미국에서는 길거리에서 구걸하는 사람도 할 수 있는 게 영어인데, 뭐가 대단한 일이라고"

그러면서 괜한 오기가 생겼다고 한다. 시골 출신인 나도 얼마든지 할 수 있는 게 영어라는 걸 보여주고 싶은 마음이었다고. 그리고 2년 반을 영어 공부에 몰두했다. 영어 채널만 남기고 한국 TV 채널을 끊었다. 조금 이상한 놈이란 소리를 들어도 대화할 때 영어

를 최대한 쓰려고 했다. 외국에서 유학할 시간에 그는 학교에 다니면서도 다양한 실무 능력을 쌓았다. 그 사이 영어 실력도 늘고 말이다.

다행히 대학에서 전공한 멀티미디어 엔지니어링(Multi-Media Engineering)과 인터렉티브 엔터테인먼트(Interactive Entertainment)가 적성에 잘 맞았다. 관련하여 케이블 방송에서도 일해보고 직접 사업도 하는 등 다양한 실무 능력을 익혔다. 그러다 모바일 게임을 만드는 컴투스를 거쳐 가족과 함께 미국으로 이주했다.

이전에 단 한 번도 미국을 경험한 적 없었기에 처음엔 뉴욕에서 직장을 구할 때 걱정이 되기도 했다. 그런데 우연히 그의 질문하는 습관이 위력을 발휘했다. 뉴욕에 본사를 두고 있는 유명한 모바일 앱 개발 에이전시인 퓰드(Fueled)의 사장과 인터뷰를 할 때였다. 젊고 야심 찬 사장이었는데, 왠지 동양에서 온 정재환 씨를 조금 아래로 보는 듯한 느낌이었다.

"저에게 첫 질문으로 한국에서 왔는데 왜 삼성을 쓰지 않느냐고 묻는 거예요. 그래서 왜 그런 선입견을 품고 있냐며 되물었죠. 최고의 앱 서비스를 만드는 회사의 대표가 이런 선입견으로 서비스를 만들고 있냐고요. 다소 도발적으로. 그런데 그런 당당한 태도와 시각이 마음에 들었다며 입사가 결정되었어요."

물론 그가 이미 다년간 모바일 서비스를 만들어온 전문가라는 사실이 그의 입사에 결정적인 원인이었을 것이다. 하지만 아무리 전문가라 하더라도 해당 기업의 문화에 맞지 않으면 채용되는 것은 매우 어렵다. 우리 회사도 그렇지만 미국 회사는 자기 생각을 명확하고 당당히 설명할 수 있는 능력이 중요하다. 영어 실력이 문제가 아니다. 생각의 탁월성과 질문하는 습관이 곧, 능력이다.

커뮤니티 리더십으로
돈 벌기

흥미 있는 것을 공부하라

돈을 버는 것, 자기 앞가림을 하는 것은 무척 중요하다. 이렇게 말하면 "그걸 모르는 사람이 어디 있냐?", "좋은 직장에 취직하려고 어릴 때부터 죽어라 공부하는 것 아니냐?"라며 따지는 사람도 있을 것이다. 내가 말하고 싶은 건 방법이 잘못 됐다는 것이다. 고기도 먹어본 사람이 먹는다는 속담이 있다. 마찬가지로 돈도 벌어본 사람이 번다. 좋은 직장에 들어가기 위해 오랜 기간 공부만 한 사람은 자신이 무슨 재능이 있는지, 그 재능으로 어떻게 돈을 벌 수 있는지 알 방법이 없다. 남들도 쌓을 수 있는 고만고만한 스펙을 열심히 쌓지만, 막상 다른 사람과 차별화할 방법을 모르는 것이다.

미국에서 오랫동안 프로그래머 생활을 하다 지금은 삼성전자 삼성 리서치 데이터 인텔리전스 랩에서 근무하는 임백준 상무를 만나 대화할 기회가 있었다. 그는《행복한 프로그래밍》,《누워서 읽는 알고리즘》,《폴리글랏 프로그래밍》등 소프트웨어 프로그래머라면 한 번쯤 들어봤거나 읽어본 적 있는 베스트셀러 저자이기도 하며, 팟캐스트 〈나는 프로그래머다〉로 오랫동안 커뮤니티와 소통하던 커뮤니티 리더이기도 하다.

"삼성전자에 2년 전에 들어왔는데, 그동안 신입공채 면접관을 종종 했습니다. 지원자의 스펙이 하나 같이 좋아서 깜짝 놀랐어요. 치열하게 준비했다는 생각이 들기는 하는데… 구별이 잘 안 돼요. 다들 스펙이 비슷비슷하게 좋은 거죠. 사실 스펙은 조금 떨어지더라도 자신이 그동안 해왔던 활동이 지원하는 업무와 연관성이 있으면 더 좋아요. 특이한 회사에서 인턴 근무를 한 경험이라든지, 커뮤니티 활동이라든지, 해커톤(Hackathon)이라든지 뭔가 자기 스토리가 있는 친구에게 눈이 가고 기회를 주게 되더라고요"

앞에서 커뮤니티 공부의 시작을 선한 목표 설정이라고 했다. 또한, 이 목표가 자신의 흥미, 의지에서 시작되어야 한다고도 했다. 만약 나이가 다소 어리고, 당장 생계를 책임져야 할 상황이 아니라면, '흥미'를 기준으로 커뮤니티 공부 목표를 삼으라고 조언하고 싶다. 왜냐하면 흥미가 생겨 공부하는 것은 특정 시기와 상황이 아니면 하기 어렵기 때문이다. 그리고 흥미를 쫓아 공부해본 경험이 있는 사람과 없는 사람은 인생의 후반기로 갈수록 그 깊이와 넓이에서 차이가 난다. 흥미를 쫓아 커뮤니티 공부를 지속해 나가는 것이야말로 삼성전자 임백준 상무가 강조한 '자기 스토리'를 탄탄하게 하는 방법이다.

앞으로 개개인이 가진 스토리의 힘은 점점 더 중요해질 것이다. 당장 취업 인터뷰만 하더라도 옆에 있는 고만고만한 경쟁자들과 무엇이 다른지 설득할 수 있어야 한다. 문제는 앞으로 경쟁해야 할 상대가 인간은 물론 AI, 스마트한 로봇 등이라는 것이다. 시험 성적, 수학, 영어 혹은 상식, 소프트웨어 개발 능력 등으로는 AI나 스마트한 로봇과의 경쟁에서 이길 수 없다. 이들을 이길 수 있는 유일한 무기는 내가 태어나 지금 이 시각까지 살아온 이야기, 즉 자신의 스토리다. 그 스토리가 다른 사람과 차별돼야 함은 물론이다.

자신의 흥미를 따라 커뮤니티 공부를 한 내용을 이력서에도 넣고 자기소개 시간에도 이야기하길 바란다. 다만, 자신의 이야기를 면접관이 듣고 싶어 하는, 즉 해당 회사나 조직에서 필요한 역량으로 각색하는 기술은 필요하다.

앞서 내가 대학 졸업 후 벤처 창립 멤버가 되었다고 얘기했다. 공대생도 아니고 인터넷 기술도 모르는 내가 가진 유일한 장점은 대학교 영자 신문사 국장을 해 본 경험이었다. 즉, 콘텐츠를 만들어 본 경험이었다. 바로 그 경험 덕분에 대학생 웹진의 콘텐츠 담당자가 되고 IT 업계에 발을 들이게 되었다. 그리고 지금은 마이크로소프트의 아시아 리전 매니저가 됐다.

훌륭한 역량을 만드는 나만의 스토리

그렇다면 생계를 걱정해야 할 시점에는 어떻게 해야 할까? 안정적으로 생계를 유지하려고 홀로 각종 시험이나 공무원 시험 준비에 목매는 청년이 많다. 물론 나쁘다는 건 아니다. 자신이 시험하나만은 자신 있거나, 공직 사회에 뼈를 묻고 싶으면 그렇게 해도 된다. 혹은 붙을 때까지 몇 년이고 시험공부만 해도 재정에 큰 문제가 없다면 그렇게 해도 된다. 심지어 내일 불의의 사고로 이 세상과 하직해도 시험 준비만 한 것이 억울하지 않은 사람은 그렇게해도 된다.

하지만 내가 하고 싶은 일을 하며 돈도 벌고 싶다면, 혹은 돈도벌면서 내가 꼭 익히고 싶은 여러 가지 기술과 지혜를 배울 수 있는일을 하고 싶다면, 당장 도서관에서 뛰쳐나와야 한다. 그리고 자신이 노력하지 않았는데도 제공된 안락함이 있다면 거기에서도 뛰쳐나와야 한다. 그렇게 하지 않으면, 다른 사람을 뛰어넘는 강력한스토리가 나올 수 없다.

조금 힘들고 돌아가더라도 남들이 가지 않는 나만의 길을 찾아내야 한다. 왜냐하면 그 과정에서 큰 사람이 될 수 있는 넓은 그릇이 만들어지기 때문이다. 많은 사례가 있지만, 마이크로소프트의 우미영 부사장만큼 이에 잘 들어맞는 사례도 없을 것이다.

경상북도 봉화군 출신인 우미영 부사장은 서울대학에서 영문학을 전공하고 선배가 창업한 작은 IT 회사에서 사회생활을 시작했다. 대학교 때 학생운동을 한 전력 때문에 일반 대기업에 취직하기 어려웠기 때문이다.

그런데 IMF 경제위기로 회사가 어려워져 1년 가까이 수입 없이 지내야 했다. 이미 결혼해서 아이까지 있는데 말이다. 여기까지 들으면 "거봐, 작은 기업은 위험해"라고 얘기할 것이다. 하지만 위기가 곧 기회라는 말이 있다. 위기를 극복하다 보면 남과 차별화 할 수 있는 역량을 기를 수 있다.

아무튼 그녀는 여러 대기업에 지원했지만, 계속 떨어지기만 했다. 경력사원으로 뽑기엔 경험이 너무 넓고 다양해 곤란하다는 것이 이유였다. 그녀는 하루빨리 전문성을 쌓겠다고 결심했다. 그녀는 지인의 소개로 들어간 작은 회사에서 일하며, '기술 영업'을 자신이 쌓아야 할 전문 영역으로 삼았다.

"영업하면 술인데, 그런 방식으로는 안 된다는 생각이 들었어요. 웹로직이라는 미들웨어 관련 책인《엔터프라이즈 자바 베이식 *Enterprise Java Basic*》을 번역하면서 필요한 기술을 익혀야겠다는 생각이 들었습니다."

전문 서적 번역하기가 아주 좋은 커뮤니티 공부법인 것을 안 것이다.

"하지만 막상 번역하려고 보니 정말 어렵더라고요. 영문학을 전공해 영어는 좀 할 줄 알았지만, 기술 자체를 모르니 난감하더라고요."

이 난관 역시도 커뮤니티 리더십을 발휘하여 파트너사의 기술자와 함께 공부하며 해결했다. 주중, 주말을 활용하여 6개월 동안 매달려 작업하다 보니 기본적인 기술 소개 자료를 만들 수 있는 실력이 되었다. 이렇게 쌓은 지식이 바탕이 되어 그녀의 기술 영업 노하우는 타의 추종을 불허할 정도로 발전했다. 이후의 수없이 많은 난관과 도전도 그녀만이 가진 위기 대처 능력으로, 그리고 다른 사람과 함께 성장하겠다는 선한 의지로 극복해 나갔다.

일반 대기업에서 성장한 임원들과 달리 그녀의 스토리는 큰 감동과 울림이 있다. 현재 그녀는 다양한 강연에 초대되기도 하고, 수많은 후배에게 멘토링도 해주는 훌륭한 인성의 리더로 활약하고 있다.

'재미'와 '행복', 그리고 '배움'

다시 임백준 상무 이야기로 돌아가 보자. 우미영 부사장, 임백준 상무 말고도 뛰어난 커뮤니티 리더들은 대부분 비슷한 얘기를 한다. 왠지 흥미가 생겨서 이러저러한 공부를 했다. 그러다가 먹고 살아야 하는 문제 때문에 어떤 일을 시작했다. 일을 잘하려니 더 많은 공부가 필요했다. 그래서 커뮤니티를 만들어 공부했다. 커뮤니티를 이끌며 리더십을 쌓다 보니 지금 이 자리에 오게 됐다.

나도 마찬가지다. 왠지 흥미가 생겨 학보사 기자를 했다. 그 덕분에 중국에 가볼 기회가 생겼고, 더 흥미가 생겨 중국에 가서 공부도 했다. 그러다 생계 문제 때문에 돈을 벌어야 했기에 대학생 웹진을 만드는 벤처기업 창립 멤버가 됐다. 일하다 보니 공부가 필요한 분야가 생겨 커뮤니티 공부를 했고, 커뮤니티 공부를 지속하며 인맥을 쌓다 보니 이 자리에까지 올 수 있었다.

생계를 스스로 꾸려야 한다는 건 부담도 되지만, 성장에 꼭 필요한 에너지의 원천이 되기도 한다. 속된 말로 없던 힘도 생기게 하고, 자신이 미처 몰랐던 재능을 발견하게 되기도 한다.

임백준 상무는 20대에 결혼을 하고 잠깐 삼성 SDS에서 근무하다 우연히 미국 유학길에 올랐다. 큰아이가 태어난 지 막 6개월 무렵이 되었을 때 갑자기 IMF가 터지고 환율이 올라 1달러에 800원 하던 것이 2,000원까지 치솟았다. 한국에서 번 얼마간의 돈으로 생활하던 그와 가족에게 날벼락이 떨어진 것이다.

그는 백방으로 생계를 꾸리며 공부를 계속할 방법을 찾았다. 하지만 부족한 영어 실력 때문에 기회가 없었다. 그러다 대학원 조교팀에서 펄(Perl)이란 프로그래밍 언어로 학교 웹사이트를 만들고 운영해 줄 학생을 찾는다는 공고를 보게 됐다. 그전까지 펄을 사용해본 적도, 본 적도 없지만 일단 서점에 가서 책을 한 권 사고는 지원서를 냈다. 열심히 공부한 후 인터뷰를 보긴 했지만, 통과하기는 역부족이었다. 하지만 이번 기회가 마지막이라는 절박함으로 매주 결과를 묻는 전화를 했다. 그때마다 기다리라는 메시지뿐이었다.

그러다 드디어 한 달 만에 일하러 오라는 소식을 들었다. 알고 보니 다른 지원자를 선정했는데 모두 어떤 이유에서인지 그만두었다는 것이다. 그래서 전혀 선정 후보에 들지도 못했던 임백준 상무에게까지 기회가 돌아간 것이었다. 간절하게 한 달 동안 전화를 걸었던 덕분이었다.

이렇다 할 직장은 아니었지만, 이는 임백준 상무가 미국 사회에 단단히 뿌리를 내릴 수 있는 계기가 되었다. 동료와 많은 대화를 하다 보니 영어가 눈에 띄게 늘었다. 그리고 펄 프로그래밍도 동료에게 배워 빠르게 습득할 수 있었다. 실무 경험도 쌓으면서 등록금도 해결하고, 월급도 800달러를 받으니 생활을 충분히 해나갈 수 있었다. 영어 실력과 실무 경험이 쌓이니 취업도 큰 문제가 없었다.

이후 그는 루슨트 테크놀로지(Lucent Technologies), 월스트리트(Wall Street) 등에서 쟁쟁한 미국 동료들과 치열하게 경쟁하며 생존을 위해 노력했다. 하지만 어떨 때는 도무지 현지에서 나고 자란 인재들을 따라잡을 수 없다는 자괴감이 들기도 했다.

수많은 방황 끝에 그가 택한 것은 '나다워지기'였다. 도무지 그들의 프로그래밍 능력을 따라갈 수 없을 것 같았기 때문이었다. 그래서 기술보다는 나다운 리더십을 발휘하는 데 힘을 썼다. 동료들과 경쟁하기 보다는 그들의 장점을 연결하려 노력했다. 그리고 똑똑한 친구들이 등한시하기 쉬운 업무도 절대 대충하지 않았다.

결국 그는 똑똑한 동료들을 이끄는 팀 리더가 되었다. 이를 계기로 그는 '나다워지기' 노력을 계속하여 여러 권의 책도 쓰고 커뮤니티 활동도 열심히 했다. 이렇게 키워진 커뮤니티 리더십은 그를 삼성전자 인텔리전스랩의 리더로 만들어 주었다.

흥미와 의지가 생기는 공부 목표를 정하고 다른 사람과 함께 성장하겠다는 선한 의지를 더해 커뮤니티 공부를 하자. 이때, 수동적인 자세를 취하기보다는 적극적으로 커뮤니티 리더십을 키우도록 하자. 스스로 생계를 책임져야 할 시점이 되면, 지금까지 한 공부와 리더십을 바탕으로 돈으로 바꿀 기회를 적극적으로 만들자. 취업하든, 아르바이트하든, 사업을 하든 누군가에게서 돈을 받아 생계를 꾸려나가다 보면, 자연스럽게 더 큰 공부를 하고 싶은 욕구가 생기게 된다. 그 욕구를 에너지 삼아 매일 매일 배우는 습관을 들이고 다른 사람과 더불어 공부하면 앞으로 그 어떤 어려움이 와도 신나고 즐겁게 헤쳐나갈 수 있다.

커뮤니티 리더를 만났을 때, 가장 많이 듣는 단어가 무엇인 줄 아는가? 바로 '재미'와 '행복', 그리고 '배움'이다. 재미있고 행복한 배움을 계속하다 보면, 성공이라는 열매가 열린다. 그 열매는 무엇과도 비교할 수 없을 정도로 달다.

커뮤니티 리더십으로 똑똑한 퇴사 준비

직장인이라면 한 번쯤 퇴사를 생각해보지 않은 사람은 없을 것이다. 하지만 철저한 준비 없는 퇴사는 십중팔구 후회를 부르기 마련이다. 그런 사람들을 위해 김철 엑셀(Excel) 전문가의 사례를 들려주고 싶다.

인천공항을 통해 해외를 나가본 사람들은 활주로를 따라 배치된 수많은 작은 등들을 따라 비행기가 이착륙하는 것을 본 적 있을 것이다. 김철 전문가는 이 항공등화(航空燈火)를 전문으로 다루는 중소기업의 부장이었다.

대부분의 직원이 자신의 업무에만 집중할 때 그는 다른 곳에서 지적 호기심이 생겼다. 엑셀로 하는 기본적인 업무는 누구나 어느 정도 공부하면 할 수 있다. 하지만 그는 여기서 한 발 더 나아갔다. 수만 개의 항공등화를 엑셀을 이용해 어떻게 하면 최대한 효율적으로 만들 수 있을 것인가 고민하며 공부를 거듭했다. 그러다 온라인 엑셀 커뮤니티를 찾게 되었고, 그 커뮤니티에서 가장 많은 정보를 공유하며 커뮤니티 리더가 되었다.

자신이 공부하면서 배운 지식을 나누다 보니 그의 엑셀 실력이 가파르게 상승했다. 다른 직원들이 회사 업무를 온종일 할 때 그는 반나절이면 끝낼 수 있게 되었다. 대부분의 사람은 이쯤에서 지적 호기심을 멈추었겠지만, 김철 전문가는 달랐다. 다른 업계에서는 엑셀의 어떤 부분을 궁금해 할까 하는 호기심이 생겼다. 그래서 한

달에 한 번씩 현업에 종사하는 사람을 대상으로 무료 강의를 시작했다. 그것도 무려 4~5년간을.

그러면서 자신이 배운 것, 강의를 통해 깨달은 것을 엮어 엑셀 전문 서적도 여러 권 냈다. 그러자 그의 인지도는 가파르게 상승했다. 여기저기에서 강의 요청이 쇄도했다. 회사에 다니며 모든 강의 요청에 응하기 어려운 시점에 이르자 과감히 회사에 사표를 던졌다.

"회사를 나오기 전에는 저도 불안했지요. 모두 그렇잖아요. 나를 보호해주는 회사라는 방패가 없으면 어떻게 될까 걱정 안 할 수 없지요. 하지만 막상 나와 보니 내가 왜 이제야 나왔을까 후회되더라고요. 내가 열심히만 하면 정말 넓은 시장이 있더라고요. 내가 한 만큼 보상도 크고."

물론, 김철 전문가가 오랜 기간 커뮤니티 리더십으로 인지도와 실력을 쌓아왔던 것을 고려해야 한다. 이런 바탕 위에 퇴사하여 전문 강사가 되었을 때 정말 놀라운 성과를 거두었다. 반짝하고 마는 성과가 아니었다. 매년 매출이 배 이상 성장하여 현재는 대기업 연봉의 2~3배는 거뜬히 벌 정도로 그의 강의는 인기 있다. 커뮤니티 리더십을 통한 공부가 얼마나 강력한 힘을 가지는지 알 수 있을 것이다.

특히 그가 전문으로 하는 엑셀은 혁신적인 기능을 계속 추가하고 있어 앞으로도 전망이 밝다. 파워 쿼리(Power Query)라는 기능을 통해 최근 핫 트렌드인 빅데이터를 손쉽게 처리할 수 있고, 차트와 이미지 등 시각화도 손쉽게 할 수 있기 때문이다.

"지금도 시간 나면 학생들을 위한 무료 강의를 할 때가 있어요. 지방 대학생들을 보면 현실 감각이 너무 부족해요. 모든 걸 너무 쉽게 생각하는 경향이 있죠. 반면에 서울 학생들은 너무 어렵게 생각해서 과감하게 나서지 못해요. 커뮤니티 안에서 전문가의 조언도 듣고, 또 자신이 도움을 줄 수 있는 부분을 찾아내어 돕기도 하는 커뮤니티 리더십을 기르면 훨씬 쉽고도 빠른 길로 갈 수 있는데, 그런 도전을 하지 않는 게 안타까워요."

대학에서 환경공학을 전공하여 현재는 엑셀 전문가로, 빅데이터 전문가로 하루가 다르게 성장하고 있는 그. 몰려드는 강의 요청, 도서 집필로 눈코 뜰 새 없이 바쁜 그의 소원은 일주일에 5일만 일하는 것이라고. 늘어나는 매출만큼 그의 영향력도 쑥쑥 커가고 있다. 회사에 다닐 때는 물론, 다니지 않을 때도 늘 커뮤니티 리더십을 갈고 닦으면 평생직장보다 좋은 평생수입이 가능하다.

함께 일할 팀원은
스터디 그룹에서 채용한다,
데일리블록체인 이구환 부사장

이구환 전 MSN 대표이자 현 데일리블록체인 부사장도 특유의 커뮤니티 리더십으로 카멜레온 같은 변신을 한 인물이다. 그는 경북대학교와 카이스트 대학원에서 수학을 전공하고 한국 마이크로소프트 개발 부서에 입사했다. 얼마 후 마케팅 부서로 옮겼고, 6년 후에는 MSN 사업부 대표가 됐다. 핫메일과 MSN 메신저로 국내 인터넷 서비스의 초석을 닦은 인물이 바로 이구환 부사장이다. 이후에도 디지털 마케팅 이노베이션 센터장, 세종대학교 겸임교수, 그리고 현재의 블록체인 전문가까지 쉴 없이 변신 중이다. 그는 컴퓨터 공학을 전공하지도, 그렇다고 마케팅을 전공하지도 않았다. 그런데도 정보화 시대, 4차 산업혁명 시대에 필요한 지식을 공부하여 자기 것으로

만들고 이를 비즈니스에 접목하고 있다. 그의 이런 능력은 어디에서
오는 것일까?

참외 생산지로 유명한 경북 성주 출신의 이구환 부사장은 수학 선
생님이 되겠다는 꿈을 가지고 경북대학교 수학교육과에 입학했다.
하면 할수록 수학 공부가 재미있었다. 그래서 카이스트 대학원에 들
어가 응용수학을 전공했다.

"대학과 대학원을 다니면서 야학 활동을 열심히 했어요. 당시 집안 형
편이 어려워 공부를 더 할 수 없었던 여공들이 많았거든요. 이 여공들을
모아 밤마다 가르치곤 했죠."

그는 졸업 후, 선배의 소개로 마이크로소프트에 입사하며 사회에
첫발을 내디뎠다.

"마이크로소프트의 개발부서에서 일하다 인터넷의 무한한 가능성을
봤습니다. 그래서 마이크로소프트의 인터넷 서비스를 국내에 소개하고
싶다는 생각이 들었습니다."

생각은 그랬지만, 인터넷 서비스 또는 마케팅 관련 업무를 해 본
적이 없었다. 그런데도 그는 온라인 서비스 부서의 마케팅 담당자가
되었다.

"이때도 야학할 때와 같이 함께 공부할 사람을 모았습니다. 다만 이번에는 제가 가르치는 게 아니라 배워야 하는 입장이었죠. 그래서 인터넷 업계와 관련 있는 마케팅 담당자들을 모아 스터디 그룹을 만들었습니다."

스터디 그룹이긴 했지만, 딱딱하게 진행하지는 않았다.

"함께 식사도 하고, 각자 읽은 책, 현업에서 부딪치는 문제 등을 함께 의논했죠."

현업에 종사하는 사람들과의 토론에서 밀리고 싶지 않았다. 그러다 보니 자연스럽게 인터넷 비즈니스, 마케팅 관련 전문서적을 파고들게 되었다.

"그렇게 시간이 지나자 저도 온라인, 디지털 마케팅에 일가견이 생기더라고요. 자신감도 생기고요"

이렇게 준비된 인재를 마이크로소프트가 몰라볼 리 없다. 마이크로소프트는 한국의 MSN 사업부 전체를 이구환 부사장에게 맡겼다. 7명으로 시작했던 MSN 사업부는 MSN 포탈과 MSN 메신저의 폭발적인 성장으로 수십 명을 신규 채용해야만 했다.

"이때도 마케팅 스터디 그룹이 큰 역할을 해주었습니다. 그때 같이 공부했던 스터디 그룹 멤버들을 속속 영입할 수 있었거든요. 스터디를 오랫동안 같이 했기 때문에 그 사람의 인성, 실력, 팀워크 등을 잘 알고 있었지요."

함께 일할 직원을 뽑아본 적이 있거나 혹은 채용 인터뷰를 해본 적이 있다면 알 것이다. 짧은 인터뷰, 비슷비슷해 보이는 이력서 안에서 훌륭한 인재를 찾는 게 얼마나 힘든 일인지. 이렇게 수없이 많은 인재를 영입한 덕분에 MSN 사업부는 이후에도 수년간 전성기를 누릴 수 있었다.

이외에도 이구환 CIO(Chief Information Officer)는 업계에서 같은 고민을 하는 사람들과 끊임없이 스터디 그룹을 만들었다. 인터넷 업계 중역 모임인 다남(다음, 네이버, 야후, MSN)도 그중 하나다. 이 그룹에서 나온 아이디어를 모아 퍼플 프렌즈(Purple Friends) 모바일마케팅 연구소도 만들었다. 또한, 모바일 마케팅 콘퍼런스도 함께 주관하고 책도 출간했다. 이외에도 MMC라는 월간 포럼을 개최하는 등, 모바일 생태계의 인사이트를 계속해서 키워나갔다. 이러한 노력은 디지털 마케팅 연구소 센터장, 겸임교수 등, 자신의 외연을 확장하는 데 도움이 되었다.

호기심에서 시작했던 블록체인 공부도 처음은 스터디 그룹에서였다. 하지만 곧 수백 명 규모의 콘퍼런스를 직접 기획하고 운영하기에 이르렀다. 그의 탁월한 커뮤니티 리더십은 그에게 또 다른 기회를 선물했다. 국내 블록체인 전문 업체인 (주)데일리블록체인에서 CIO로 4차 산업혁명의 집약체인 스마트시티 사업을 진두지휘하게 된 것이다.

이구환 부사장은 끊임없이 신기술과 그 기술이 바꾸어 나갈 비즈니스 환경을 상상하며 자신을 유연하게 변화해 나갔다. 커뮤니티 리더십을 발휘하여 필요한 공부를 사람들과 함께 꾸준히 해나간 것은 말할 것도 없고 말이다. 하루가 멀다고 쏟아지는 신기술로 기술혁명이 일상이 된 요즘, 이구환 부사장의 카멜레온과 같은 변신 능력은 우리 모두 배우고 익혀야 할 능력임이 분명하다.

—
**이구환 부사장의
커뮤니티 공부법
성공 키워드**
—

함께 공부하며 쌓은 네트워크의 힘은 무한하다

이구환 부사장은 늘 자신과 공동체가 함께 성장하는 커뮤니티를 중심에 두고 살았다. 그가 수없이 다른 분야를 넘나들며 회사의 중역으로 성장하는 데 함께 공부하며 쌓은 네트워크가 큰 힘을 발휘했기 때문이다.

"함께 공부하며 쌓은 네트워크의 힘이 정말 컸습니다. 함께 스터디를 하거나 콘퍼런스를 기획하고 또 참석도 하면서 관련 업계의 주요 인물을 모두 만날 수 있었으니까요. 그들과의 연대는 언제든 큰 힘이 되어 주었습니다"

그가 단지 학연, 지연만으로 네트워크를 만들고 유지하는 데 공을 들였다면, 결코 새로운 기술과 분야로의 이동이 쉽지 않았을 것이다. 특히 회사의 중역이 되면 본인의 능력보다 그의 비전을 믿고 실행해줄 실무진을 어떻게 구성하고 이끄는가가 중요한 성공의 열쇠가 된다. 커뮤니티 리더십은 실무진뿐만 아니라 회사 경영진에게도 꼭 필요한 능력이다. 실은, 나 또한 이구환 부사장이 운영한 인터넷 마케팅 스터디 그룹 멤버로 다년간 함께 공부했다. 그 인연으로 마이크로소프트의 온라인 팀에 조인하게 된 것을 여기서 살짝 밝혀둔다. 그만큼 함께 공부하며 쌓은 네트워크의 힘이 강력함을 알려주기 위해서다.

호기심이 생기는 분야는 무엇이든 공부해보라

이구환 부사장의 이력을 보면 쉼 없이 새로운 기술과 정보를 익혀온 것을 알 수 있다. 단순히 자신이 회사에서 해야 할 일과 관련된 지식 이외에도 호기심이 생기는 모든 분야에 관한 책을 읽고 이와 관련된 사람들을 만나 네트워크를 만들었다. 콘퍼런스도 참석하고 필요하면 본인이 직접 콘퍼런스를 만들고 기획하기도 했다. 이러한 열정은 순수한 지적 호기심 없이는 발휘하기 힘들다.

"커뮤니티를 통해 어떤 분야에서 가장 앞서가는 사람들의 이야기를 듣다 보면 자연스럽게 더 공부하고 알고 싶은 분야가 생기는 것 같아요. 내가 끊임없이 성장할 수 있도록 독려하는 에너지를 늘 받을 수 있지요."

호기심이 있는 한 사람은 늙지 않는다고 한다. 나이는 중요하지 않다. 내 안의 호기심을 발견하고 늘 공부하는 자세는 남녀노소를 불문하고 꼭 필요하다.

순수하게 봉사하는 마음으로 해야 오래간다

오랫동안 커뮤니티 공부로 성장해온 이구환 부사장. 그의 오랜 이력만큼이나 커뮤니티 공력도 매우 높다. 그렇다 보니 당부하고 싶은 내용도 있다고 했다.

"여러 사람이 모이다 보니. 그중에는 투자를 요구하거나 모임을 사업적으로 이용하려는 사람도 있습니다. 이 때문에 피해를 보는 사람도 생기고요. 스터디 모임을 운영하거나 참여할 때는 철저히 봉사하는 마음으로 해야 합니다. 서로에게 선의를 가지고 서로의 성장을 위해 모여야 처음의 목표를 달성할 수 있습니다."

이러한 모임에서 봉사하는 가장 좋은 방법은 더 많이 공부하여 나누는 것이다. 항상 새로운 지식을 나눌 수 있게 본인의 공부를 게을리하지 말아야 한다. 그런 마음으로 공부하고 나누면 좋은 평판을 쌓을 수 있다. 좋은 평판이 쌓인 사람, 좋은 인적 네트워크가 있는 사람에게 좋은 기회가 더 많이 오는 것은 당연한 것이 아닐까?

6장

커뮤니티 리더십 친절 가이드

COMMUNITY
LEADERSHIP

내가 한때 이곳에 살았음으로 해서

단 한 사람의 인생이라도 더 행복해지는 것

이것이 진정한 성공이다.

커뮤니티 공부
로드맵

커뮤니티 공부의 시작은 나로부터

앞에서 우리는 커뮤니티 리더십이 왜 중요하며, 이 시대와 미래 사회에 필요한 인재상에 어떻게 부합하는지 여러 사례와 함께 살펴보았다. 그렇다면 어떻게 커뮤니티 리더십을 실천할 수 있을까? 구체적인 실천 팁은 무엇일까?

다음에서는 어떻게 커뮤니티 리더십을 실천하면 되는지 길잡이가 될 만한 정보를 정리해 보고자 한다. 물론, 이미 많은 사람이 자신의 분야에서 본능적으로 잘 실천하고 있다. 나는 그들의 경험과 또, 업무를 통해 알게 된 정보를 정리해서 전달하려고 한다.

이 책에서 소개하는 정보를 참조하여 자신과 가장 잘 맞는 커뮤니티 리더십 공부법을 찾아 천천히, 그리고 꾸준히 실천해 보길 바란다. 실천하다 보면 새롭게 알게 되는 것이 반드시 나온다. 그런 경험이 누적되면 자신감이 쌓인다. 이렇게 실천을 통해 누적된 정보, 경험, 그리고 자신감이 모여 여러분을 더 큰 도전으로 이끌 것이다. 도전을 거듭하다 보면, 이 세상을 헤쳐나갈 힘을 얻을 수 있다. 이에 대한 믿음을 가지고 커뮤니티 리더십 로드맵을 살펴보자.

〈커뮤니티 리더십 로드맵〉

수많은 성공적인 커뮤니티 리더의 사례를 살펴보며 커뮤니티 리더십 로드맵을 만들어 보았다. 물론 이런 로드맵과 일치하지 않는 사례도 있지만, 대략적인 흐름은 비슷하다. 커뮤니티 공부는 우리에게 오랫동안 익숙한 학제에 따른 공부가 아니다. 초등학교 → 중학교 → 고등학교 → 대학교 → 대학원(석·박사 코스)과 같이 누군가 정해놓은 코스를 따라가는 공부가 아니라는 뜻이다. 커뮤니티 공부는 누군가 잡아 놓은 코스나 틀이 없다. 커뮤니티 공부의 시작은 바로 자신이다. 그 무엇도 아닌 나의 흥미, 의지, 목표에서 시작하는 공부이다.

무엇을 목표로 삼을 것인가?

그런데 아무리 생각해도 특별한 흥미가 없거나, 목표로 삼을 만한 영역이 없다면 어떻게 해야 할까? 한평생 누군가가 정해 준 목표만을 위해 일분일초를 아껴가며 살아온 대다수가 여기에 해당할 것으로 생각한다. 부모님과 학교에서 부여한 수많은 목표와 시험을 위해 착실하게 주어진 공부만 해왔다면, 오늘이라도 진지하게 생각해보자. 그리고 각종 미디어와 상술에 의해 만들어진 목표도 다시 한 번 되돌아보자. 브랜드 아파트, 멋진 차, 멋진 여행지, 날씬한 몸매, 맛있는 음식 등, 각종 미디어와 상술이 만든 목표가 정말 내가 원하는 목표일까, 아니면 이런 욕망을 팔아 돈을 버는 회사들이 나에게 무의식적으로 심어준 목표일까? 아래 고려대 익명 게시판에 올라온 학생의 이야기는 어떠한가? 이게 꼭 이 학생만의 이야기일까?

"너무 괴로워요. 저는 학점도 높고, 대외활동 많이 했고, 자격증도 많고, 스펙도 많이 쌓았어요. 근데 제가 스스로 원해서 한 것은 하나도 없어요. 왜냐면 늘 누군가를 질투해서, 그 사람보다 뛰어나기 위해 공부한 거거든요. 누군가가 어떤 스펙을 취득하면 저는 그 사람을 이기기 위해 그것보다 한 단계 높은 걸 취득해요. 그런데 한 명을 뛰어넘으면 또 다른 사람이 제 위에 있고, 그 사람을 뛰어넘으면 또 다른 사람이 제 위에 있어요. 이젠 너무 벅차고 힘들어요. 근데 누군가 나보다 잘났다는 사실을 받아들이기 어려워요. 그걸 인정해 버리면 나는 어디에서도 예쁨 받지 못할 것 같거든요."

이 책을 쓸 때, 본사에 있는 우리 팀 디렉터와 통화한 적이 있다. 우연히 이러이러한 주제로 책을 쓰고 있다고 얘기했더니 무척 흥분하며 약속한 30분을 훌쩍 넘겨 1시간 넘게 통화했다. 참고로 우리 팀 디렉터는 마이크로소프트에서 페이스북으로 이직했다가 1년 전쯤 마이크로소프트로 되돌아왔다. 이전에 마이크로소프트에 있을 때는 삼성과 많은 일을 했다고 한다. 그래서인지 나에게 꼭 '안녕하세요'라고 한국말로 인사한다. 10대 아이 둘의 아버지인 그는 나에게 이런 얘기를 해주었다.

"소영, 내가 빌 게이츠, 그리고 페이스북의 마크 저커버그와 일하며 느낀 게 뭔지 알아? 그들은 결코 일하러 회사에 오지 않는다는 거야. 그들은 그냥 자신이 흥미 있어 하는 것, 의미 있다고 생각하는 것을 여러 사람과 실천하러 회사에 와. 그들은 그렇게 태어났고 평생 그렇게 살아왔어. 그리고 가장 높은 수준의 에너지와 지식을 쌓았지. 그래서 나도 내 아이들에게 무엇을 공부할지 무엇을 직업으로 삼을

지 얘기하지 않아. 그런 것을 진지하게 결정하기 전에 세상을 돌아보고, 다양한 경험을 쌓을 기회를 줄 거야. 그런 다음 그게 무엇이든 결정되면, 그 누구보다 잘 할 수 있도록 최선을 다해야 한다고 말해 줄거야."

함께 성장해요

내가 만나 본 커뮤니티 리더들은 빌 게이츠나 마크 저커버그 정도는 아니었지만, 다들 자신의 내면에서 우러나온 목표 의식이 뚜렷했다. 입시를 위해, 다른 사람과 경쟁하기 위해, 혹은 부모님의 등쌀에 못 이겨서 한 공부와 자신의 의지로 한 공부는 성취감에서 큰 차이가 난다. 자기주도학습이론을 우리나라에서 처음 정립하고, 관련 서적을 집필하고 강의해 온 숭실대학교 김판수 교수는 이렇게 말한다.

"제가 연구를 위해 수많은 학생을 조사했어요. 그랬더니 행복한 아이들이 집중력도, 인간관계도 좋았어요. 당연히 자기주도성도 높고, 공부도 결과적으로 잘하더라고요."

시간이 조금 걸리더라도 나를 행복하게 하는 목표를 설정했다면, 이제는 그 목표의 수준을 조금 더 끌어올리자. 바로 그 목표가 나 한 사람에게 집중되지 않도록 하는 것이다. 나와 비슷한 흥미가 있는 사람, 혹은 나와 뜻을 같이하는 사람들과 함께 성장하겠다는 목표 즉, 선한 의지를 가지는 것이다. 바로 이 지점에서 커뮤니티 공부와 리더십의 효과가 극명하게 드러난다. 처음부터 나 하나만의 영달을 목표로 하지 않았기에 공부하면 할수록 실력과 함께 리더십이 커간다. 그리고 행복하게 오래가는 공부를 할 수 있다. 따라서 커뮤니티 리더십을 위한 공부 로드맵의 첫머리에 와야 하는 것은 순수하게 자신의 내면에서 우러나온 목표, 거기에 다른 사람과 함께 성장하겠다는 선함이 합쳐진 '선한 목표 설정하기'가 되는 것이다.

내가 깊게 공부하고 싶은 주제 리스트 만들기

여러분의 꿈은 무엇인가요?

"마이크로소프트는 인간의 무한한 가능성을 믿습니다. 지구상의 모든 사람과 조직이 더 많은 것을 성취할 수 있도록 힘을 실어주는 것이 우리의 사명입니다."

회장으로 부임한 사티아 나델라 회장은 처음으로 마이크로소프트 글로벌 직원과 만나는 MS Ready 행사에서 새로운 사명을 직원들과 공유했다. 빌 게이츠와 스티브 발머가 처음 회사를 설립할 때 세운 사명은 "모든 가정에 PC를"이었다. 사티아 나델라 회장은 이 목표를 이루고 나서 우리에게 한동안 꿈이 없었고 그래서 방황해

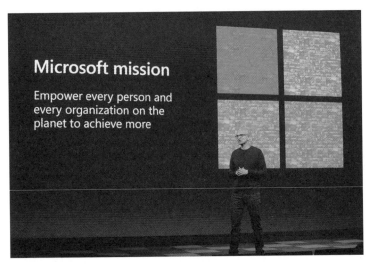

한 행사에서 마이크로소프트 미션에 대해 말하고 있는 사티아 나델라 회장.

왔다고 하면서 새로운 사명을 제시한 것이다. 당시 MS Ready 행사에 참여했던 마이크로소프트 한국 커뮤니케이션 담당 이승연 이사의 얘기를 조금 더 들어보자.

"사티아 회장님이 이 사명의 배경에 관해 설명하시고는 갑자기 말을 멈추시는 거예요. 거기에 2만 명 가까운 임직원이 있었는데, 모두 영문도 모른 채 숨죽이고 다음 말씀을 기다렸죠. 영원과 같은 정적이 얼마간 흘렀을 거예요. 그러다 뒤의 큰 스크린에 지구와 사티아 회장님의 모습이 서서히 겹쳐지는 화면이 펼쳐졌어요. 곧이어 사티아 회장님은 자신의 꿈에 관해 얘기 하셨어요. 자기에게는 장애를 가지고 태어난 아이가 있는데, 그 아이가 자신이 만든 소프트웨어로 장애를 극복하고 더 많은 것을 성취할 수 있도록 하는 게 자신의 꿈이라고 요. 자신의 아이와 같이 장애를 가진 지구상의 많은 이들이 마이크로 소프트를 통해 더 많은 것을 성취할 수 있도록 돕고 싶다고요. 자신 의 꿈과 회사의 사명이 일치하여 더할 나위 없이 행복하다고 하셨어 요. 그러면서 숨죽여 듣고 있는 우리 모두에게 물으셨어요. '여러분 의 꿈은 무엇인가요?' 마이크로소프트에 근무하면서 그전까지 사명 에 대해 진지하게 생각해 본 적은 없었어요. 하지만 그날 받은 감동 으로 매일 매일 이 사명과 함께 숨 쉬고 일하고 있어요."

선한 목표를 세워라

삼성 SDS의 대표이사였던 고순동 현 마이크로소프트 한국 지사 장이 부임하여 한국 직원들과 첫 만남을 가졌다. 당시 마이크로소 프트는 앞에서 설명한 대로 한 치 앞을 내다보기 힘들 정도로 어려 운 상황이었다. 한국의 상황은 훨씬 더 심각했다. 이전 지사장이 과도하게 성과지향으로 회사를 운영하여 불법적인 매출이 많이 발생했고, 감사를 통해 이 사실이 밝혀져 많은 직원이 회사를 떠나 야 했다. 시장에서 한국 마이크로소프트의 신뢰는 그야말로 바닥 이었다.

이런 상황이었기에 성공적인 이력을 가진 고순동 지사장이 굳이 한국 마이크로소프트에서 위험을 자초할 필요가 없었다. 그런데도 그가 마이크로소프트에 온 까닭은 사티아 나델라 회장이 부임하고 만든 사명 때문이었다고 했다. 그만큼 선한 목표는 또 다른 선하고 유능한 사람을 끌어모으는 힘이 있다.

물론, 커뮤니티 공부를 위해 매번 이렇게 거창한 목표를 세울 수도 없고, 세울 필요도 없다. 아래 에머슨의 시처럼 내가 태어나기 이전보다 조금이라도 좋은 세상을 만들겠다는 목표, 한 사람의 인생이라도 행복하게 만들겠다는 목표이면 충분하다.

무엇이 성공인가?

자주 그리고 많이 웃는 것
현명한 이에게서 칭찬을 듣고
아이들에게 사랑받는 것

정직한 비평가의 찬사를 듣고
친구의 배반을 참아내는 것

아름다움이 무엇인지를 가려볼 줄 알며
다른 사람에게서 그 사람의 최선을 발견하는 것

건강한 아이를 낳든

한 뙈기의 밭을 가꾸든

사회 환경을 개선하든

내가 태어나기 이전보다

이 세상을 조금이라도 더 살기 좋은 곳으로

만들어 놓고 떠나는 것

내가 한때 이곳에 살았음으로 해서

단 한 사람의 인생이라도 더 행복해지는 것

이것이 진정한 성공이다.

    그렇다고 목표가 꼭 이타적이어야만 할까? 앞에서도 얘기했듯이 커뮤니티 공부는 무엇보다도 먼저 나의 흥미와 의지에서 출발해야 한다. 내가 흥미 있어 하고 좋아서 하는 공부는 누가 시키지 않아도 오래 할 수 있다.

    또한, 흥미롭지는 않더라도 왠지 공부하고 싶은 의지가 생기는 분야도 괜찮다. 예를 들어, '미래에는 코딩 능력이 중요하다고 하는데 나도 한번 배워볼까?' 하는 것도 의지의 발현이다. 혹은 회사 업무를 하다가 특정 분야의 지식이 부족해서 그 분야의 공부를 더 해보고 싶다거나 자격증을 따고 싶어 하는 것 또한 그렇다. 학생이라면 수없이 많은 수업 중에 유난히 관심이 가는 분야를 조금 더 깊이 들어가 보는 것도 좋다. 문과 학생이지만, 우연히 도시공학개론을 듣고 미래 도시에 대한 궁금증이 생겨 더 공부해 보는 식으로 말이다. 그런 목표가 좀체 생기지 않거나 잘 모르겠다면 서점으로 발길을 돌려보길 바란다. 서점에 진열된 많은 책을 보다 보면 유난히 마음이 가는 주제가 생기기도 한다.

이렇게 관심 가는 분야가 생기고 더 공부해 보고 싶다는 마음이 생기면 거기에서 한 발짝 더 나아가야 한다. 즉, 내가 먼저 배워 다른 사람과 나누겠다는 마음 한 자락을 더하는 것이다.

'코딩을 배워 내 아이도 가르치고, 코딩을 배우고 싶어 하는 다른 사람과도 나누어야지', '자격증을 따기 위해 이왕 공부하는 거, 이 분야의 지식이 필요한 동료들과 나누는 건 어떨까, 점심시간에 미니 세미나를 한번 만들어 볼까?', '미래 도시에 대한 책을 읽고 내가 배운 것을 잘 정리해 블로그나 유튜브에 올려봐야겠어. 혹시 모르잖아, 이런 주제에 관심 있는 사람들에게 도움이 될지도'.

이렇게 선한 목표를 세우면 내 공부에 큰 영향을 줄 좋은 네트워크를 만들 확률이 높다. 그리고 그러한 사람들이 만드는 긍정 에너지로 내가 생각하지 못한 더 높은 목표가 생기기도 한다.

파고들 만한 주제를 정하라

목표를 설정했다면, 이제는 자신이 깊게 공부하고 싶은 주제를 탐색할 차례이다. 목표를 세울 때 이미 자신이 공부할 목적에 부합하거나 흥미가 가는 영역, 더 공부하고 싶은 의지가 생기는 영역을 탐색했을 것이다. 일단 목표가 생기면, 더 깊게 공부하고 싶은 주제는 훨씬 쉽게 잡힌다. 주제를 잡을 때는 아래의 몇 가지 사항을 염두에 두면 좋다.

첫 번째는 언제나 배움에 대한 열의를 가지고 호기심을 잃지 않는 것이다. 커뮤니티 공부의 세부 주제는 호기심에 따라 변할 수 있고, 또 상황에 맞추어 수정할 수도 있다. 예를 들어, 코딩을 공부하겠다는 목표를 세우고 공부하다 보면 코딩에도 여러 종류가 있다는 것을 알게 된다. 이때, 자신의 목표에 가장 부합하는 주제를 찾아 깊게 들어가도 되고, 처음에는 다양하고 넓게 공부하다 나중에 적합한 것을 골라 깊게 들어가도 된다. 순수한 열정으로 공부하다 보면 호기심이 꼬리에 꼬리를 물고 생기는 것을 경험하게 된다. 이렇게 자연스럽게 생기는 호기심과 질문을 붙들고 끝까지 가보는 것이 중요하다.

두 번째는 자신의 개성, 경험, 기존의 지식을 더욱 강력하게 해주는 공부 주제를 정하는 것이다. 자신의 전공 분야를 깊이 파고들어 세계적인 석학이 되거나 탁월한 실력자가 되는 것도 좋지만, 그 길은 험난하고 매우 제한적이다. 그것보다는 자신이 다른 사람보다 조금이라도 나은 구석을 찾아 거기서부터 시작하고, 그러한 부분을 더욱 강화할 수 있는 주제가 무엇인지 찾아보면 된다.

예를 들어 점수에 맞춰 대학에 들어가 원하지도 않는 경제학을 공부했다고 생각해 보자. 원하지 않은 전공이니 공부를 게을리해서 학점이 낮을 것이다. 하지만 경제학 원론, 미시 경제, 거시 경제 등 다른 사람보다 경제 관련 상식은 많을 것이다. 거기에 프로그래밍 공부를 더 해, 일반인을 위한 경제 지식을 나누는 앱을 개발하겠다는 목표를 세우면 어떨까? 경제학을 전공하거나 프로그래밍을 전공한 사람은 많겠지만, 경제학과 프로그래밍에 대한 지식을 모두 가지고 있는 사람은 많지 않다. 게다가 둘을 융합해 실제로 어떤 서비스를 개발해 본 사람은 거의 없을 것이다. 이런 식으로 하나둘씩 지식 그물망을 만들면 자신만의 특색 있는 능력을 갖출 수 있다.

세 번째는 결국에는 인간에 대한 이해를 높이는 공부를 해야 한다는 것이다. 아무리 뛰어난 기술과 실력이 있다고 해도 인간에 대한 이해 없이는 탁월한 성과를 이루기 어렵다. 프로그래밍과 경제를 공부해서 일정 수준 이상의 실력을 쌓았다고 생각해 보자. 그다음에 공부할 주제는 경영학이나 심리학, 혹은 고전과 같이 사람에 대한 이해를 높이는 공부여야 한다. 이러한 공부는 커뮤니티 리더십을 쌓으며 하면 훨씬 효과가 좋다. 사람 공부야말로 사람과 해야하기 때문이다.

마지막으로 한 가지만 더 얘기하고 싶다. 앞에서도 살펴보았듯이 현재 우리는 인공지능과 스마트 로봇 등으로 인해 사회구조가 급격히 변해가는 와중에 있다. 내가 대학에서 영어교육을 전공하다가 IMF 한파를 피해 우연히 인터넷과 조우하던 시점과 비슷하다는 느낌이 든다. 그때는 그 누구도 인터넷이 우리 삶을 이렇게까지 변화시킬지 몰랐다. 하지만 그 파도를 감지하고 공부하며 준비한 사람은 그렇지 못한 사람보다 훨씬 큰 성공을 맛보고 변화를 주도하는 삶을 살고 있다.

지금 자신이 어떤 분야에 있는지는 중요하지 않다. 인터넷과 모바일 기술이 우리 삶 곳곳에 스며들어 변혁을 일으켰듯, 4차 산업혁명도 그러한 변혁을 일으킬 것이다. 그래서 공부 목표를 정할 때, '미래 기술' 관련 분야를 포함하면 좋겠다는 작은 바람이 있다. 변화는 모르고 맞으면 재앙이 되지만, 준비한 자에겐 절호의 기회가 되기 때문이다.

나에게 꼭 맞는
커뮤니티 찾기 & 만들기

성격에 따른 공부법 찾기

선한 목표도, 공부할 세부 주제도 정했다면 이제 자신에게 꼭 맞는 커뮤니티를 찾아야 한다. 다양한 커뮤니티가 있으니 자신이 처한 상황이나 성격 등을 고려하여 찾아야 한다. 다음 표에서 커뮤니티 공부를 내향적 성격의 커뮤니티 공부와 외향적 성격의 커뮤니티 공부로 나누어 보았다. 물론 두 가지가 섞이기도, 혹은 상황에 따라 한 쪽을 택하게도 될 것이다.

예를 들어 나 같은 경우는 성격이 내향적이지는 않지만, 어린 자녀들이 있어서 주말이나 저녁 시간에 활동이 많은 오프라인 그룹 커뮤니티 활동은 하기 어려웠다. 그래서 블로그나 페이스북에 내가 알고 있는 지식이나 공부한 내용을 포스팅하는 활동을 했다. 시간 활용이 자유로웠기 때문이었다. 그러다 아이들이 성장하여 손이 덜 가고, 내 일도 어느 정도 안정기에 접어들자 책을 쓸 결심을 했다. 일하면서도 수없이 많은 사람을 만났지만, 책을 쓰면서는 더 많은 사람을 만났다. 그리고 훨씬 깊이 있는 주제로 더 많은 대화를 하게 되었다. 책을 쓰는 것이 꼭 내향적인 활동만은 아니라는 것이다.

	커뮤니티 공부 예
내향적	• 전문 서적 번역 • 블로그에 올릴 글이나 칼럼 작성 • 도서 집필 • 지식인, 기술 포럼 답변 • 트위터, 페이스북 등의 소셜 활동
외향적	• 페이스북, 카페 밋업 등의 그룹 활동 • 유튜브 방송 • 콘퍼런스 발표 • 스터디 활동 • 앱 개발, 메이크(Make) 활동

위의 커뮤니티 공부의 예를 보면서 의아해하는 사람이 있을 것이다. 공부한다고 하면 누군가 가르치는 사람이 있는 곳을 찾아가야 하는데, 눈을 씻고 찾아봐도 **학원, **교육원, **대학이 없기 때문이다. 물론 이런 곳에서 공부하지 말라는 의미가 아니다. 자, 다시 한 번 다음 표를 보자.

	커뮤니티 공부 예
내향적	• 전문 서적 번역하기 • 블로그에 올릴 글이나 칼럼 작성하기 • 도서 집필하기 • 지식인, 기술 포럼 답변하기 • 트위터, 페이스북 등의 소셜 활동하기
외향적	• 페이스북, 카페 밋업 등의 그룹 활동하기 • 유튜브 방송하기 • 콘퍼런스 발표하기 • 스터디 활동하기 • 앱 개발, 메이크 활동하기

모든 공부에 하기라는 두 글자를 넣었다. 커뮤니티 공부는 자신이 주체가 되어 무언가를 공부하는 것이기 때문이다.

이렇게 커뮤니티 공부를 하다 보면 부족한 부분이 반드시 드러난다. 나도 책을 쓰겠다는 목표를 세우고, 커뮤니티 리더십이라는 주제도 정했지만, 막상 책을 쓰려니 어떻게 해야 할지 막막했다. 그래서 관련 커뮤니티를 찾아보고, 책을 많이 써 본 전문가도 만났다. 그리고 출판 관계자를 만나 출판용 책을 쓰려면 어떻게 해야하는지 조언도 받았다. 그래도 책 쓰기가 어렵게만 느껴졌다. 고민하며 여러 사람에게 조언을 얻은 것뿐만 아니라 집필에 필요한 참고문헌을 찾아 정말 많은 책을 읽었다. 또한, 관련 분야 사람을 인터뷰하며 많은 것을 얻기도 하였다. 이처럼 '~하기 공부'는 힘들지만 힘이 세다. 주어진 공부를 수동적으로 할 때는 얻기 힘든 것을 많이 얻을 수 있다.

시간적, 물리적 여유가 좀 있다면 다소 외향적인 커뮤니티 공부에 도전해 보는 것도 좋다. 내향적인 활동에 비해 사람과의 만남이 더 많고, 끈끈한 네트워크를 만들기 쉽기 때문이다.

나에게 맞는 커뮤니티 찾기

그렇다면 나에게 꼭 맞는 커뮤니티를 찾으려면 어떻게 해야 할까? 처음에는 자신이 찾고자 하는 커뮤니티의 키워드를 정해 온라인에서 검색해 보는 것으로 시작할 수 있다. 이때 연령, 주제, 지역 등에 따라 어떤 플랫폼을 활용하는 것이 좋을지 파악할 필요가 있다. 가령 20~30대는 '소모임', '프렌트립(Frientrip)' 등과 같은 각종 커뮤니티 앱 혹은 '인스타그램, 페이스북, 카카오 오픈 채팅방' 등을 이용하는 경우가 많다. 하지만 30대 후반이나 40대는 '밴드나 카페' 등을 통한 커뮤니티 가입이 더욱더 익숙할 것이다. 우리나라에는 많이 알려지지 않았지만, 해외에서는 매우 유명한 밋업닷컴도 좋은 플랫폼이다. 가장 좋은 커뮤니티는 여러 세대가 골고루 섞여 있어 다양한 경험을 나눌 수 있는 곳이다. 이를 고려하여 플랫폼을 찾으면 좋겠다.

플랫폼에서 자신이 공부하고자 하는 주제에 적합한 커뮤니티를 찾는 방법도 있지만, 커뮤니티 리더를 중심으로 찾아가는 방법도 있다.

자신이 공부하고자 하는 주제로 블로그나 소셜미디어에 포스팅하다 보면 다른 사람의 블로그 글을 읽거나 책을 보거나 강의를 듣게 되기 마련이다. 그러다 보면 어떤 주제에 정통한 커뮤니티 리더를 알게 되거나 만날 수 있게 된다. 이들 중에는 자신의 비즈니스를 위해 열심히 지식을 파는 비즈니스맨인 경우도 있지만, 선한 목표를 이루고 지적 호기심을 충족하기 위해 열심을 다하는 커뮤니티 리더도 많다. 그들이 운영하는 카페, 블로그, 소셜미디어, 밋업을 찾아 들어가는 것도 좋은 방법이다. 좋은 리더가 있는 곳에 좋은 멤버가 있을 확률이 크기 때문이다.

IT 기술과 관련된 공부라면 마이크로소프트, 구글, 아마존, 페이스북, 네이버, 카카오 등의 IT 기업이 제공하는 여러 커뮤니티를 활용하는 것도 손쉬운 방법이다. 이들 기업은 자사의 기술을 더 많은 커뮤니티가 활용하고 발전 시켜 나갈 수 있도록 각종 혜택을 제공하고 있다. 크고 작은 콘퍼런스, 스터디가 매주 열릴 정도로 많다. 여기에 각종 오픈소스 커뮤니티 행사까지 따지면 수도 없이 많아진다.

어떤 특정 기술 커뮤니티에 들어가기 전에 다양한 기술 커뮤니티 쇼핑을 해보는 것도 좋다. '세상에 이렇게 많은 사람이 정말 열심히 공부하고 있구나!'라고 느끼면 공부에 대한 마음가짐이 달라진다.

지인의 소개로 커뮤니티를 찾는 것도 좋은 방법이다. 아는 사람 없이 낯선 커뮤니티에 들어가면, 어색한 마음에 흥미를 붙이지 못하고 발길을 돌리는 경우가 생길 수도 있다. 친구나 지인과 함께 참여하면, 어색하고 낯선 분위기라도 마음을 열기 쉽다. 그러면 커뮤니티가 나에게 맞는지 여유를 가지고 살펴볼 수 있다. 주변에 이미 커뮤니티 활동을 하는 친구나 지인이 있는지 찾아보고 함께 참여해 보자.

혹은 자신의 동네나 근무지 근처의 커뮤니티를 찾아보는 것도 좋다. 판교 AI 개발자 모임, 광화문 디지털 마케팅 전문가 모임처럼 자신의 생활반경에서 커뮤니티를 찾아 활동해 보자. 아무리 커뮤니티가 좋더라고 자신의 행동반경에서 너무 떨어진 곳에서 모임이 진행되면 자주 참석하기가 힘들어 지속적인 커뮤니티 활동을 할 수 없다.

지역, 관심과 연령 등이 맞는 커뮤니티를 찾았다면, 적어도 2~3번은 참여해 보자. 특히 커뮤니티 구성원의 성향, 모임 빈도, 커뮤니티가 지향하고자 하는 것을 좀 더 상세히 살펴본 후 본인의 성향과 맞는지 파악해 보는 것이 중요하다.

이미 만들어진 커뮤니티에 가입하여 활동하는 방법도 있지만, 자신이 직접 만들어 운영하는 방법도 있다. 특히, 내가 하고자 하는 공부가 다소 생소한 분야라면 더욱더 그렇다. 처음에 같이 시작할 동지가 있다면, 함께 작은 스터디 모임을 만들 수 있다. 혹은 페이스북에 그룹을 만들고 회원을 모집해도 된다. 다소 높은 수준의 IT 분야를 연구하고 싶다면, '모두의 연구소'도 추천하고 싶다. 자신이 연구하고 싶은 주제를 올려 두면 관심 있는 다른 연구자들이 지원하여 함께 연구하는 형태이다. 수준 높은 연구자가 많기 때문에 어느 정도 커뮤니티 공부에 일가견이 있는 사람의 도움을 받을 수도 있다.

직접 커뮤니티를 만들어 운영하면 운영자와 커뮤니티의 운명이 하나가 될 가능성이 있어 훨씬 큰 노력과 에너지가 든다. 그만큼 공부도 더 많이 되는 장점이 있기는 하지만, 부담된다면 요즘 많이 생겨나는 유료 커뮤니티도 대안이 될 수 있다. 독서를 매개로 하는 커뮤니티인 트레바리는 올해 초 소프트뱅크벤처스에서 50억 원을 투자받는 등 성장 가능성을 인정받고 승승장구하고 있다. 트레바리 이외에도 수없이 많은 독서 커뮤니티가 있으니 활용해도 좋겠다.

성인 실무 교육 시장 1위 기업 패스트캠퍼스의 스터디 클럽도 좋은 대안이 될 수 있다. 패스트캠퍼스는 기업에서 부딪히는 문제나 취업, 전직을 위한 지식 등을 실무자들이 직접 교육한다. 2014년 설립 후, 연평균 두 배 이상 성장하며 최근 연 매출 200억 원을 돌파했고 누적 수강생 수도 12만 명에 이른다.

패스트캠퍼스는 장기적으로 대학교와 대학원을 대체하겠다는 목표까지 세우고 있다. 그 가능성을 높게 평가한 7개의 벤처캐피탈로부터 100억 원을 추가로 투자받아 더욱 성장하고 있다. 자신이 공부하고 싶은 주제를 찾아 수강하고 패스트캠퍼스의 커뮤니티 멤

버십 회원으로 스터디클럽이나 세미나에 적극적으로 참여하는 것
도 커뮤니티 공부의 일환이 될 수 있다.

어떠한 공부법이든 장단점이 있다. 처음부터 어느 특정 공부법
만 고집하지 말고 상황에 따라, 또 자신의 성향에 따라 유연하게 정
하면 된다. 중요한 것은 지속하는 것이지 방법이 아니다. 남들이
모두 유튜브를 한다고 해서 나도 따라 하는 것보다는 차분하게 장
단점을 살펴보고 정하는 것이 좋다.

커뮤니티 리더십 쌓기

이 시대의 인재

선한 목표와 공부할 주제, 그리고 자신에게 가장 적합한 커뮤니티 공부 방법을 정했다면 이제 커뮤니티 공부를 하면서 커뮤니티 리더십을 쌓아가야 한다. 앞에서도 여러 번 얘기했듯이 커뮤니티 안에서 다른 사람이 주는 지식을 수동적으로만 받아들이면, 결코 원하는 실력을 쌓을 수 없다. 리더십을 발휘하여 커뮤니티에 도움을 주려 노력해야 한다. 그래야 '인품 좋은 사람', 즉 새로운 인재 기준에 부합하는 사람으로 성장할 수 있다.

노벨경제학상 수상자인 미국의 제임스 헤크먼(James J. Heckman)은 '머리 좋고 공부 잘하는 사람'보다 '소프트 스킬', 즉 '인품이 좋은 사람이 성공 확률이 높다'고 했다. 처음엔 똑똑한 사람이 잘나가지만, 궁극적으로는 따뜻한 사람이 성공한다고 한다. 왜냐하면 공부한 것을 실전에 사용할 수 있는 기회의 크기는 그 사람이 지닌 네트워크의 크기에 비례하기 때문이다. 또한 그러한 네트워크는 좋은 인품 없이는 절대 만들어지지 않기 때문이다.

아무래도 내향적인 커뮤니티 공부는 혼자 하는 시간이 많기 때문에 커뮤니티 리더십 훈련에는 한계가 있다. 하지만 또 그만큼 내공을 쌓기는 좋다. 심사숙고하지 않는 리더십은 쉽게 무너진다. 따라서 내향적인 커뮤니티 공부로 내공을 쌓았다면, 그다음 외향적인 커뮤니티 공부로 외부와 소통하며 사람 공부를 병행하기를 추천한다.

한 번이라도 사람을 이끌어 본 사람들은 알 것이다. 사람을 이끈다는 것이 쉽지 않다는 것을. 하지만 커뮤니티 리더십의 로드맵을 착실히 따라온 사람이라면, 걱정할 필요가 없다. 왜냐하면 선한 의지로 다른 사람과 함께 성장하겠다는 선한 목표를 가지고 시작했기 때문이다. 이런 목표는 또 다른 선하고 좋은 목표를 가진 사람을 자석처럼 끌어들인다. 그리고 이들이 내뿜는 좋은 에너지 덕분에 사람과 함께하는 즐거움을 알게 된다. 이들 커뮤니티 멤버에게 자신이 공부하여 습득한 내용을 공유하면, 자긍심과 나눔의 기쁨이 생겨 능동적인 공부로 이끄는 강한 동기를 유발한다. 이런 동기는 공부를 지속해서 할 수 있도록 돕는 긍정적인 효과를 가져온다.

그뿐만 아니라, 봉사하는 마음으로 커뮤니티를 살뜰히 챙기다 보면 좋은 인성과 품격이 길러지게 된다.

커뮤니티 행사 활용하기

좋은 목표가 정해지고, 에너지가 충만한 초기 멤버가 구성되었다면, 이제 조금씩 규모를 확장해 나가는 것도 좋다. 아무리 좋은 멤버가 모였다 해도, 새로운 멤버와 기존 멤버가 섞이지 않으면 언젠가는 성장의 한계가 온다. 이럴 때는 작은 규모라도 외부인을 초청하는 커뮤니티 행사를 기획해 보는 것이 좋다.

커뮤니티 행사는 일반적으로 커뮤니티 멤버가 자신이 공부한 내용을 발표하는 콘퍼런스와 같은 형태를 띤다. 늘 함께 공부하던 기존 멤버에게 발표하는 것이 아니라 더 많은 청중에게 발표한다는 사실 하나만으로도 엄청난 동기 부여가 된다. 또한 함께 목표를 정하고 성공적인 행사를 위해 다양한 부분을 챙기는 과정에서 커뮤니티 구성원의 리더십 또한 빠르게 성장한다.

그렇다면 성공적으로 커뮤니티 행사를 치르기 위해 어떤 부분을 고려해야 할까? 오픈소스 개발 프로그래밍 언어 중 하나인 장고(Django)는 여성 개발자를 위한 글로벌 커뮤니티인 장고 걸스(Django Girls, https://djangogirls.org/)로 유명하다. 대부분의 오픈소스 프로그래밍 커뮤니티가 그러하듯 장고 걸스 또한 비영리 단체로 자발적인 후원과 자원봉사자의 노력으로 운영된다. 장고 걸스는 프로그래밍에 익숙하지 않은 여성을 위해 (주로 하루짜리) 프로그래밍 워크숍을 운영하여 기술 장벽을 낮추겠다는 선한 목표로 시작한 커뮤니티다. 한국에서도 여러 자원봉사자의 숨은 노력으로 활발하게 행사를 진행하고 있다.

얼마 전에 우리 팀에 들어온 하현주 과장은 장고 걸스 커뮤니티에서 오랫동안 자원봉사 운영자로 일하며 커뮤니티 리더십을 쌓아왔다. 커뮤니티 리더답게 스스로 공부하는 습관이 몸에 배어 있다. 나 또한 그녀를 통해 많은 것을 배우고 있다. 다음은 그녀가 전하는 성공적인 커뮤니티 행사를 위한 팁이다.

행사기획
- 명확한 기획 의도 설정(누구를 대상으로 무엇을 위해 어떤 행사를 열 것인가?)
- 행사 결과 예상(구체적인 목표, 구성원이 공유하는 성공 기준)

행사준비, 진행
- 계획(세부 프로그램 구성, 장소 조사, 연사 모집, 예산안 작성 및 예산 관리 등)
- 일의 분배(각 아이템 별로 머큐니티 멤버에게 일을 분배)
- 진행(노쇼 예방을 위해 충분한 공지, 행사장 체크, 발표자료 준비 등)

행사 후
- 발표 자료 공유(미리 받은 이메일과 연락망을 통해 공유)
- 행사 후기 등 피드백(설문 조사를 통해 피드백을 받고 개선점을 찾는다)

〈성공적인 행사 프로세스〉

"규모가 그다지 크지 않는 행사라 하더라도 이렇게 고려해야 할 것이 많아요. 이 중에서 가장 중요한 것은 명확한 기획 의도 설정이라고 생각해요. 행사 준비에 참여하는 멤버가 많을수록, 기획 의도를 제대로 공유하고 있는지가 매우 중요해요. 여기에서부터 모든 디테일이 결정되거든요. '누구'를 대상으로 '무엇'을 위해 '어떤' 행사를 열 것인가? 이것만 커뮤니티 멤버들과 의견 일치가 되어도 나머지는 수월하게 진행할 수 있어요"

커뮤니티 행사라고 만만하게 보지 않고, 이렇게 형식을 갖추고 피드백을 받아 끊임없이 개선하면 내실과 규모를 모두 갖춘 커뮤니티를 만들 수 있다.

우분투(Ubuntu, http://ubuntu.org), 파이썬(Python, http://www.python.org), 오픈스택(OpenStack, https://www.openstack.org)과 같은 주로 외국의 오픈소스 커뮤니티들이 활발한 커뮤니티 행사로 성장했다. 이들 오픈소스 커뮤니티들이 비영리 단체이면서도 글로벌한 규모로 성장해 가는 모습을 보면 경이롭다. 결국 이러한 커뮤니티의 힘이 마이크로소프트의 변화를 이끌어냈는지도 모른다. '오픈소스는 암'이라고 주장하던 스티브 발머를 내쫓고 '마이크로소프트는 오픈소스를 사랑합니다'라고 힘주어 말하는 사티아 나델라를 불러왔으니 말이다.

주로 8월 15일 광복절을 전후로 2~3일간 코엑스에서 열리는 한국 파이썬 커뮤니티의 파이콘 행사에 한 번 참석해 보길 바란다.

어떤 대기업이 주최하는 행사보다 규모가 크기도 하거니와 자발적인 커뮤니티 리더들이 내뿜는 에너지가 엄청나기 때문이다. 이를 체험해 보면 커뮤니티 리더십의 가능성에 공감할 수밖에 없을 것이다.

한 가지 주목할 만한 사실은 파이콘 한국 행사에 참여하는 모든 사람은 예외 없이 참가비를 내야 한다는 것이다. 이것은 키노트스피커, 준비위원회, 발표자, 자원봉사자, 참가자 등 누구에게나 동등하다. 그런데도 자원자가 적지 않다. 그만큼 커뮤니티 리더십을 체험하는 것이 얼마나 큰 가치를 지니는지 아는 사람이 많다는 의미이다. 물론 그 돈은 더 좋은 커뮤니티 행사를 만드는 데 아낌없이 쓰인다.

건강한 커뮤니티를 운영하는 법

좋은 커뮤니티는 시간이 지나면 자연스럽게 규모가 커진다. 그러다 보면 초기 멤버들이 공유하고 실천해 오던 선한 목표가 희석될 수가 있다. 아무리 좋은 커뮤니티라도 커뮤니티 멤버 간에 서로 돕겠다는 선한 목표가 공유되지 않고, 늘 퍼주기만 하는 사람과 받기만 하는 사람으로 커뮤니티 멤버 구성이 고착되면 오래가지 못한다. 정말 큰 도량을 가진 리더가 있거나, 혹은 그러한 리더십이 사회적으로 인정받는다면 모르지만.

마이크로소프트의 MVP 프로그램처럼, 큰 도량을 가진 커뮤니티 리더의 열정과 헌신을 인정하고 공식적으로 상을 주는 프로그램이 있다면, 좀 더 탄력받아 오래 갈 수 있다. 그리고 헌신적인 리더십을 인정하고 직원 채용에 반영하는 회사가 많아지면, 이러한 리더가 더 많이 발굴될 것이다. 학교에서도 시험 성적이 아니라 다른 사람과 함께 성장하려는 열정과 헌신에 가치를 부여하고 아이들을 평가한다면, 부모도 더는 아이의 꿈을 무시하거나 성적에 연연하지 않을 것이다. 이런 사회가 오면 헬조선이라는 말도 자연스럽게 사라질 것이고, 우리나라의 경쟁력 또한 더 높아질 수 있지 않을까?

하지만 아직은 우리 사회에 건강한 커뮤니티를 운영하고 이를 통해 커뮤니티 리더십을 쌓아나갈 수 있는 환경이 성숙하지 않았기 때문에 각 커뮤니티 주체들의 세심한 노력이 필요하다.

첫째 커뮤니티의 큰 그림은 함께 그리고, 세부적인 부분은 역할 분담한다. 예를 들어, 서로 모르는 분야에 대해 그룹으로 스터디를 하는 경우라면, 전체를 여러 부분으로 나누고, 부분별 오너가 해당 내용을 정리하고 공유하는 식이다. 이러한 커뮤니티 공부로 여러 분야의 공부를 효율적으로 마스터해온 마이크로소프트 김성미 이사의 말을 들어보자.

"분야를 나눌 때는 자신이 공부하고 싶은 분야를 스스로 결정해요.

그러면 그 분야가 '내 거다'라는 오너십이 생기거든요. 이 오너십이 결국 엄청난 차이를 가져오더라고요. 오너십이 생기면 그 분야를 더 집중적으로 공략하게 되고, 또 자발적으로 공유하면서 머리와 마음 모두에 스며드는 공부를 할 수 있어요."

규모가 큰 커뮤니티라면 역할 분담이 더 다양해진다. 하지만 각자 조금씩 역할을 나누고 십시일반 힘을 모은다면 모든 멤버가 오너십을 가진 건강한 커뮤니티 운영이 가능해진다.

두 번째는 커뮤니티 참여자 모두가 따르는 규칙을 만들 필요가 있다. COC(Code of Conduct)라는 행동규범이 될 수도 있고, 커뮤니티의 성격과 회원들의 합의에 따라 자유롭게 만들 수도 있다. 참고로 아래는 현업 마케터들이 참여하여 운영하는 스터디 커뮤니티인 '이름 없는 스터디'의 규칙이다.

- 우리 커뮤니티에서 나이와 경력은 무의미합니다. 나이와 상관 없이 서로 존중해 주세요.
- 스터디 모임에 2번 이상 빠지면 퇴출당해요. 하지만 학기제로 운영되고 방학도 있어요.
- 서로에게 도움이 되는 주제를 발제하여 커뮤니티 멤버들과 토론을 거친 후, 스터디 주제로 선정해요.
- 우리 스터디는 20분 발표와 30분 토론으로 구성돼요. 발표를 들을 때도, 토론할 때도 적극적으로 참여해 주세요.

커뮤니티 규모가 수백, 수천 명 단위로 커지면, 규칙을 좀 더 정교하게 다듬을 필요가 있다. 수많은 사람 중 몇 명이라도 나쁜 의도를 가진 사람들이 끼어 있으면 건강하던 커뮤니티가 순식간에 망가지기 때문이다. 마이크로소프트의 MVP 프로그램뿐만 아니라 대형 커뮤니티는 자체 행동규범을 가지고 있으며 꽤 엄격하게 지킨다. 행동규범을 어겼다는 구체적인 증거가 나오면 가차 없이 퇴출한다.

최근 파이썬의 콘퍼런스인 파이콘의 행동규범을 살펴볼 기회가 있었다. 행동규범은 으레 딱딱할 것이라는 편견을 깬, 이해하기 쉽고, 커뮤니티의 포용성을 잘 드러내는 말로 정리되어 있었다. 커뮤니티 행동규범을 작성할 때 도움을 받고 싶다면, 파이콘의 COC(https://www.pycon.kr/coc)를 참조하길 바란다. 여기서는 간략히 소개하도록 하겠다.

- 파이콘 한국은 모든 참가자를 포용합니다. 다양성을 존중하는 태도가 사회와 커뮤니티를 더 풍요롭게 만드는 원천이라고 믿습니다.
- 파이콘 한국은 차별과 괴롭힘을 용인하지 않습니다. 다른 참가자의 안전이 침해되거나 존중받지 못하는 상황이 발생했을 때, 이를 중재 또는 제재할 수 있습니다.
- 행동강령은 행사와 관련된 모든 상황에 적용됩니다. 발표자, 협력단체, 스폰서, 자원봉사자, 준비위원회 등을 포함한 모든

사람에게도 적용됩니다.

- 환영하는 분위기를 만들어주세요. 모든 참가자는 그들의 배경과 상관없이 환영받는다고 느껴야 합니다.

- 용기를 내주세요. 듣거나 지켜보는 게 더 편하다면 그대로도 괜찮습니다. 만약 대화에 참여하고 싶을 때 망설임이 생긴다면, 옆에서 활발하게 대화하고 있는 사람도 오늘 처음 만났을 수 있다는 걸 생각해주세요.

- 반응해주세요. 친절하게 답해 주세요. 당신에게 한 마디를 건네기 위해 상대방은 큰 용기를 냈을지도 모릅니다.

- 안전한 파이콘 한국을 만들어 주세요. 언제나 자신의 말과 행동에 책임감을 느껴주세요.

- 대화는 같이하는 것입니다. 열린 공간에서는 많은 사람이 대화에 참여합니다. 나의 의견만큼 다른 사람의 의견도 중요함을 항상 기억해주세요.

- 건설적인 토론을 해주세요. 우리는 서로 다른 배경과 지식을 가지고 있습니다. 의견의 불일치는 자연스러운 일입니다. 비판과 비난은 다릅니다. 건설적인 비판은 커뮤니티와 구성원의 발전에 도움이 됩니다. 하지만 남을 깎아내리고 상처 주기 위한 목적의 비난은 금지됩니다.

이 외에도 정말 꼼꼼하게 다양한 경우를 고려하여 행동규범을 작성해 두고 있다. 커뮤니티 공부 방법도, 커뮤니티 리더십을 쌓는 방법도 개개인의 성격과 개성에 따라 다 다르다. 어떤 방식이든 자신에게 맞는 방법을 찾아내어 꾸준히 하는 것이 중요하다. 열린 마음으로 다양한 사람과 함께 말이다.

현 단계 점검 후
다음 목표 선정하기

....

워크 앤 라이프 밸런스

과유불급, 중용, 밸런스.

내가 20여 년간 IT 업계에 몸담고 살아오며 아직도 지치지 않는
이유를 꼽자면 이를 지켜온 데 있다고 생각한다. 30대 초반 막 결혼
하여 마이크로소프트에 들어왔을 때다. 워낙 밤낮없이 일하는 한
국 벤처에서 직장생활을 시작해서인지 마이크로소프트에 입사해
서도 앞뒤 재지 않고 불도저처럼 일했다.

그러던 어느 날, 본사 인사팀에서 온 다소 젊은 여성 직원이 부서
원을 위해 자유로운 형식의 미팅을 주관했다. 주제는 '워크 앤 라이
프 밸런스(Work and Life Balance)'였다. 무려 15년 전의 일이다. 대한

민국은 지금에 와서야 이에 대해 사회적 논의를 시작했는데, 마이크로소프트 본사에서는 오래 전부터 화두로 삼았던 것이다.

하지만 그 당시 나를 포함한 대다수의 직원이 이게 무슨 뚱딴지 같은 소리냐는 반응을 보였다. 일분일초를 아껴가며 경쟁해도 뒤처지고 낙오되는 이 시점에 이게 무슨 한가한 주문인가 했다. 하지만 지금은 안다. 스스로 밸런스를 잡지 않으면 어느 순간 일시에 무너질 수 있다는 것을….

커뮤니티 리더십도 마찬가지다. 아무리 좋은 효과가 있다 해도 밸런스를 잡아가며 해야 한다. 아주 젊은 시절부터 커뮤니티와 함께 성장했고, 현재도 성장하고 있는 한 커뮤니티 리더의 말이다.

"요즘은 기술 발전 속도가 정말 빨라요. 게다가 SNS를 통해 실시간으로 정보가 공유되어 쉴 여력이 없는 것 같아요. 커뮤니티끼리도 서로 경쟁하고 눈치 보느라 예전 같지 않아요. 예전에는 1년에 두 번 정도 행사하고, 멤버끼리 맛있는 것 먹으며 뒤풀이하면 즐겁고 만족스러웠거든요. 그런데 요즘은 이 커뮤니티는 이렇게 한다더라, 저기는 저렇게 한다더라 하며 경쟁적으로 밋업이나 행사를 늘려가니 좀 지치더라고요."

평생 경쟁적인 환경에서 공부해온 데다, 남에게 뒤처지는 것을 못 견디는 국민성도 한몫하여 우리는 쉬는 것에 인색하다. 하지만 잘 쉬어야 더 멀리 갈 수 있고, 넉넉한 마음이 있어야 많은 사람을 품을 수 있다.

열정을 가지되 매몰되지는 말라

사실 나 또한 무엇이든 열심히 하고 최선을 다하는 게 옳다고 믿은 적이 있다. 하지만 그렇지만은 않다는 것을 마흔을 한참 넘긴 재작년 즈음에야 깨달았다.

내가 한국의 마이크로소프트 커뮤니티 리더를 관리하다가 호주와 뉴질랜드까지 담당하는 매니저가 되었다는 이야기를 앞서 했다. 그러다 호주에서 직접 관리하는 매니저가 필요하게 되어 호주에서 나고 자란 30살 초반의 여성 담당자가 채용되었다. 나에게는 동남아시아를 담당하라는 지시가 내려졌고 말이다.

나보다 한참 어린 호주 담당자에게 정말 성심성의껏 멘토링을 해주었다. 또한, 그간의 경력과 경험을 한껏 살려 최고의 선배가 되어 주려 노력했다. 한국에 방문했을 때는 내 집에도 초대하고, 연애 상담까지도 해주었다.

그러던 어느 날이었다. 본사에서 승승장구하던 내 매니저가 회사를 나간다고 했다. 내 직속 매니저뿐만 아니라 기존 부서 전체가 사라져버렸다. 그리고 내 조직은 그전까지 상상하지도 못했던 클라우드 & AI 부서로 이관되었다. 그리고는 한동안 아무런 움직임이 없었다. 본사에서 하루에도 수십 통씩 쏟아지던 메일이 한 통도 오지 않았다. 어디에 물어볼 곳도 없어서 불안한 마음으로 하루하루를 지냈다. 그러던 어느 날 새 조직의 인사가 발표되었는데, 놀랍게도 내 새 매니저로 10살 넘게 어린, 내가 성심껏 멘토링 해주었던 호주의 담당자가 내정되었다. 갑자기 눈앞이 아득해졌다. 40년 넘게 한국에서 나고 자라는 동안 이런 일은 처음 겪어 보았기 때문이다.

'아니, 내가 도대체 뭘 잘못한 거야?'

한동안 정신적인 방황이 시작되었다. 이 사실을 어떻게 받아들여야 할지 도무지 알 수가 없었다. 그동안 모든 일에 최선을 다하고, 아무런 잘못도 없었던 것 같은데 어째서 이런 인사발령이 난 것인지…

그때 중년의 위기를 좀 호되게 겪었다. 모든 문제가 일시에 터져 나왔다. 건강, 가족, 재정 등 각종 문제가 와르르 쏟아져 나왔다. 지금 와서 생각해 보니 나는 번아웃 증후군(burnout syndrome)에 걸렸던 것 같다.

아이를 둘 낳고 키우면서 기본 3개월의 육아휴직 이외에 쉬어 본 적이 없었다. 일분일초를 아끼며 열심히 살다가 의외의 인사발령을 받고, 중년의 위기까지 겪게 되니 세상이 다르게 보였다. 세상을 보는 시각이 달라지면서 당장 내일 그만둬도 이상하지 않을 정도로 일에 대한 욕심을 내려놓았다. 그리고 훨씬 작은 집으로, 내가 좋아하는 산이 가까이 있는 지역으로 이사도 했다. 그동안 쓰지 않았던 휴가도 한꺼번에 몰아서 썼다. 빡빡한 휴가 계획도 그만두었다. 그냥 아무것도 하지 않고 집 주변 산을 오르고, 걷고, 책 읽고, 놀았다. 마음을 푹 쉬게 두었다.

그렇게 욕심을 내려놓고 마음을 비우니 10살이나 어린 새 매니저인 라나의 장점이 눈에 들어오기 시작했다. 우선 이 친구는 무척 순수했다. 순수 백인 혈통의 호주사람이지만, 자신의 선조가 호주 본토 원주민인 애버리지니(Aborigines)에게 했던 몹쓸 짓들에 부채의식을 가지고 있었다(수많은 호주사람을 만났지만, 이 문제에 대해 이렇게 진지하게 얘기하는 사람은 라나가 처음이었다). 지금은 결혼했지만, 당시 사귀던 남자친구는 브라질에서 호주로 입양되어 또 다른 입양인 형제자매와 자란 친구였다. 라나 보다 몇 살 어렸는데, 사귈 당시에는 다니던 회사에서 해고되어 라나의 작은 아파트에서 더부살이하고 있었다(나중에 라나가 살뜰히 인터뷰 준비를 도와주어 취직되긴 했다). 그런데도 라나는 마음 넉넉한 이 친구가 좋다고 했다. 한마디로 라나는 개념 있는, 인성 좋고 그릇이 큰 친구였다.

무엇보다 라나는 도큐멘테이션(documentation), 즉 리포팅에 뛰어났다. 어떠한 복잡한 문제도 차분하게 정리할 줄 알았다. 다른 사람이 소리 높여 자기주장을 내세우는 회의에서도 진지하게 질문하고, 섬세하게 들은 후에 리포팅을 만들었다. 누가 요청하지 않아도 스스로 그렇게 했다. 그 리포팅은 많은 사람이 방향을 잃고 헤맬

때 큰 힘이 되었다. 즉, 실력도 뛰어난 친구였다.

그러면서도 너무 일에 매몰되지도 않았다. 호주인 특유의 여유가 있어서인지는 몰라도 10일, 20일짜리 휴가를 곧잘 냈다. 주로 대자연에서 캠핑하거나 높은 산, 드넓은 자연 속에서 걷고 구르고 뛰놀다 회사로 돌아오면, 다시 예의 차분하고 섬세한 리더십을 발휘했다.

나는 점점 라나가 좋아졌다. 그녀의 군림하지 않는 리더십, 큰마음, 여유 있는 리더십에 매료되었다. 10살이나 더 어린 친구지만, 진심으로 존경하며 배워나갔다. 그러던 어느 날 라나는 더 높은 자리로 올라갔다. 그리고 자신이 맡았던 아시아 리전 매니저를 나에게 맡겼다.

커뮤니티 리더십도 마찬가지다. 자신이 혹은 커뮤니티 원년 멤버가 아니면 할 수 없다는 아집은 신규 회원의 활기를 앗아갈 수 있다. 이렇게 되면 새로운 멤버나 젊은 친구들이 찾지 않아 커뮤니티가 정체되거나 사라진다. 목표한 공부 수준에 다다랐을 때, 혹은 다음 목표가 생겼을 때, 한발 뒤로 물러나서 바라볼 필요가 있다. 물론 가끔 후배 멤버들에게 피자, 치킨을 사줄 줄 아는 멋진 선배로 말이다.

실제로 커뮤니티에서 성장하여 성공한 사람들이 커뮤니티를 후원하는 경우가 많이 있다. 커뮤니티를 통해 각종 기술을 습득하고 성공적인 사업을 운영해온 게임허브의 김호광 대표도 그런 선배 리더 중 한 명이다. 그가 이름도 모르는 기술 커뮤니티의 수많은 멤버를 위해 쓰는 피자 값이 수 천만 원쯤 될 거라는 소문이 있을 정도이다. 모두 기술 공동체의 성공을 위한 소중한 리더십이다.

만약 번아웃 되었다면, 모든 걸 내려놓을 필요도 있다. 그리고 인생의 중요한 사안(예를 들어 연애)에 대해서는 경중을 헤아리는 현명함도 필요하다. 속도 조절, 즉 밸런스는 일에서만 필요한 것이 아니기 때문이다. 열정을 가지되 매몰되지 않는 연습을 커뮤니티에서 해보면, 인생에서 힘든 순간이 올 때 보다 쉽게 극복할 수 있을 것이다.

그런데 라나는 어떻게 그런 젊은 나이에 마흔을 훌쩍 넘긴 나보다도 훨씬 현명한 리더십을 가질 수 있었는지 그 비결이 궁금하지 않은가? 그녀의 현명한 리더십은 그녀의 오랜 커뮤니티 활동에서 기인한다고 생각한다. 그녀는 글로벌 SQL 커뮤니티에서 잔뼈가 굵은 커뮤니티 리더였다.

미래 인재를 키우기 위한
부모 가이드

배우는 즐거움을 아는 것이 가장 먼저

좀 더 어린 학생이나 학부모님이 이 책을 읽는다면 어떤 가이드가 필요할지 고민을 많이 했다. 긴 안목을 가지고 아이 하나하나의 특성에 맞는 커뮤니티 리더십을 키워야 하는데, 문제는 빠른 정답 찾기에 익숙한 부모 세대가 제일 하기 힘든 것이 긴 안목을 가지고 기다리는 것이라는 점이다.

시험만 잘 치면 좋은 대학도 가고, 괜찮은 직장을 잡는 데 문제가 없었던 부모 세대는 아이들이 문제집을 들고 오랫동안 앉아 있을 때 가장 마음이 편한 게 사실이다. 혹은, 학원에서 밤늦도록 공부하고 오면 그렇게 뿌듯할 수가 없다.

대학을 졸업한 자녀들이 제 길을 못 찾고 헤매는 모습을 보고 나서야 '이건 뭐가 잘못되었는데' 하는 생각이 들겠지만, 이미 늦어버린 경우가 많다. 무엇보다도 큰 문제는 그 오랜 공부가 역설적으로 공부의 즐거움을 다 뺏어버린다는 사실이다. 이유도 모르고 장기간 경쟁과 시험을 위한 공부에만 몰두하면 진정한 배움의 즐거움을 알 수 없는 것은 당연하다.

우리들은 매우 다양한 방법으로 이것저것 배운다. 어떤 사람들은 활자가 익숙하여 뭔가 배우기 전에 책부터 찾아 읽는다. 또 어떤 사람은 관련된 사람들을 찾아 이야기를 직접 들으며 배우기도 하고 선생님을 찾아가 가르침을 받기도 한다. 그리고 무엇을 배우는지에 따라 공부 방법도 달라진다. 문제는 우리가 공부할 때와는 달리, 아이들을 가르칠 때는 매우 제한적인 몇 가지 방법만 강조한다는 데 있다. 어릴 때 우연히 컴퓨터 가게에 진열된 컴퓨터에 매료되어 지금까지 프로그래머로, 기술 전문가로 일하고 있는 마이크로소프트 김명신 부장은 이렇게 말한다.

"어릴 때부터 컴퓨터에 관한 건 무엇이든 좋아했어요. 결국 컴퓨터로 대학도 가고, 직장도 컴퓨터 실력으로 얻게 되었죠. 하지만 어머니에게 가장 많이 들은 잔소리는 '컴퓨터 그만하고 공부 좀 해라'였어요. 지금도 가끔 컴퓨터 좀 그만하라고 하세요. 컴퓨터를 하는 게 공부이고, 일인데 말이에요."

아이들은 호기심이 발동하면 가만히 두어도 끊임없이 배운다. 그리고 자신이 가장 잘 배우는 방식을 찾아낸다. 대표적인 예가 스티브 잡스와 워즈니악이다.

우리나라에서는 스티브 잡스가 다독가였다는 것만 강조한다. 하지만 그가 어릴 때, 동네 아저씨들이 차고에서 전자 부품을 조립하는 광경을 보며 납땜을 배우고 전기와 전자에 대한 기본을 온몸으로 익힌 것은 얘기하지 않는다.

그는 컴퓨터 천재 워즈니악을 만나서도 시답잖은 장난을 치거나, 쓸모없어 보이는 전자제품을 조립하며 많은 시간을 보냈다. 심지어 16살의 스티브는 유흥비를 벌기 위해 할텍이라는 중고 전자부품 가게에서 아르바이트를 하다가 전자부품 가격에 관한 귀중한 안목을 익혔다.

스티브 잡스는 실생활에서 몸으로 익힌 배움의 시간이 있었기에 남들은 학교에 다니고 있을 20대 초반에 학교에서는 단 한 번도 배운 적 없는 지식을 바탕으로 애플I이라 명명한 최초의 상용 컴퓨터 회로기판을 만들어 큰 성공을 거둘 수 있었다. 그리고 4년 뒤 스물다섯 살의 스티브 잡스는 자산 2억 달러의 재력가가 되어 전 세계를 바꾸는 인물로 성장하게 된다.

만약 스티브 잡스와 워즈니악이 한국에서 자랐다면 어땠을까? 어릴 때부터 과학에 관한 호기심이 남다르다는 것을 안 부모들은 부지런히 전기/전자에 대한 책을 찾아 읽히거나 좋은 학원을 찾으려 발품 팔았을 것이다. 또한, 이런 아이들을 위한 영재원이나 과학고를 보내기 위해 초등학교 시절부터 수학 문제를 하루에도 수백 개씩 풀게 했으리라. 모르긴 해도, 이들이 수년의 지겨운 공부를 참기 위해 할 수 있는 일은 겨우 컴퓨터 게임에 몰두하는 일이었을 것이다. 그러는 동안 넘치는 호기심과 승부욕, 배움에 관한 욕구는 서서히 자취를 감추고 말이다.

무엇인가 해보며 익히는 배움의 탁월성

"무엇인가 만들면서 배워야 합니다. 어떤 일을 할 수 있는 법을 배워야 합니다. 하는 법은 인터넷에 다 있지요"

다시 이노베이션 아카데미 이민석 교수의 이야기를 들어보자. 소프트웨어학부 교수로 다년간 학생들에게 소프트웨어를 가르치면서 가장 효율적인 공부 방법은 무엇인지 고민을 많이 했다고 한다.

"학생들에게 뭘 만들어 보라고 하면 열이면 열 책을 사서 공부해요. 근데 다 읽고 나면 너무 어렵거든요. 그럼, 또 다른 책을 사서 봐요. 이렇게 계속 공부만 해요. 보다 못해 제가 만들 수 있는 것 중 제일 쉬운 것을 직접 만들어 보라고 해요. 예를 들면 인스타그램을 만들기로 하고 첫째 날은 화면 캡처만 해보는 거예요. 둘째 날은 로그인을 만들어 보고, 셋째 날은 HTML 마크업(Mark-up)을 해보죠. 하는 방법은 깃허브(GitHub) 등을 찾아보면 다 나와요. 그러면 첫날부터 성공을 맛볼 수 있어요. 그 뒤에 책을 보면 훨씬 쉽게 이해되지요."

스티브와 워즈니악이 처음에 만든 컴퓨터는 조잡하기 이를 데 없었다. 하지만 이 과정이 없었다면 지금의 애플도 없다. 어설프더라도 직접 만들어 보는 것이 매우 중요하다. 이때 부족한 지식은 인터넷이든 책이든 선생님이든 찾아서 물어보면 된다. 어른들이 할 일은 이런 아이들의 호기심을 조금 멀찍이서 지켜보다가 필요한 게 있다고 할 때 아주 약간만 도와주면 된다.

내 아들은 아주 어릴 때부터 기차를 좋아했다. 기차 타는 것을 좋아해서 주말이 되면 각종 기차를 타러 다녔다. 전국의 거의 모든 기차를 타러 다녀서 그런지, 지금도 가장 자신 있어 하는 과목은 지리이다.

책도 기차와 관련된 것으로 찾아 읽어 주었다. 가끔 나와 인터넷 서핑을 하며 놀았는데, '기차'로 검색하면 나오는 각종 이미지, 동영상 등을 보는 형태였다. 그러다 우연히 기차 전개도를 만들어 올리는 분의 사이트를 발견했다. 그때부터는 수없이 많은 전개도를 프린트하여 기차를 만드는 놀이에 몰두했다. 이 전개도 놀이는 세계의 각종 건물 전개도를 구하고 만드는 놀이로 확장되었다.

만들어진 각종 기차와 건물을 집에 모두 쌓아둘 수는 없어서 사진을 찍어 블로그로 만들어주었다. 초등학교 고학년이 되어 자신의 스마트폰이 생기기 시작하면서는 직접 블로그를 운영했다. 그러면서 자신과 비슷한 교통 전문 블로거들과 교류하며 커뮤니티 활동을 시작했다.

이제는 기차뿐 아니라 버스, 비행기 그리고 도시 설계까지 관심 분야를 넓혀가고 있다. 주로 특이한 교통수단을 조사하러 커뮤니티 멤버들과 사진을 찍으러 다닌다. 커뮤니티 멤버들은 비슷한 또래에서부터 대학생들까지 다양하다. 최근 중학교 1학년인 아들은 고등학생, 대학생 형들과 14km를 걸은 후 한여름 땡볕에 인내심을 갖고 기다려, 도널드 트럼프 대통령의 에어포스원을 찍은 것이 큰 자부심으로 남았다.

아들은 하루하루 영향력이 커지는 자신의 블로그를 관리하는 데 시간을 많이 소비한다. 하지만 이렇게 무언가를 해보며 배우는 과정이 무척 중요함을 알기에 웬만하면 허용해 주고 있다.

수학 선행은 안 해도 아들의 꿈 하나는 확실하다. 완벽한 교통시설을 갖춘 도시를 만드는 도시공학자. 앞으로 또 어디로 아들의 관심과 호기심이 뻗어 나갈지 벌써 궁금해진다. 그 과정이 나도 아들도 재미있고 행복하니 더 욕심부리고 싶은 마음도 없다.

다음 세대에도 물려주는 커뮤니티 리더십 DNA

사실 학벌에 대한 욕심을 내려놓고 내 아이를 믿는다는 것이 쉬운 일은 아니다. 세상에 험한 일도 많이 일어나고 있기 때문에 무턱대고 커뮤니티에 어린 자녀를 노출하는 것도 정답이 아니고 말이다. 내가 만난 커뮤니티 리더들도 비슷한 고민을 한다. 그런데 훌륭한 커뮤니티 리더 중에는 자녀 세대에까지 커뮤니티 리더십 DNA를 물려주는 경우가 많다. 그중 몇 사람의 사례를 소개하여 조금이나마 도움을 주고자 한다.

SK텔레콤 AI/DT 팀 리더로 일하고 있으며 한국 스파크 사용자 모임의 운영자로 커뮤니티를 이끌고 있는 김훈동 리더. 그는 맞벌이 부부로 세 아이를 키우는, 그야말로 눈 코 뜰 새 없이 바쁜 삶을 살고 있다. 하지만, 그의 에너지 넘치는 모습을 크고 작은 커뮤니티 모임에서 보는 것은 어렵지 않다. 아무리 일과 가정생활로 바쁘더라도 기술 커뮤니티에서 하는 크고 작은 활동이 그에게는 큰 활력이 된다고 한다. 그래서 그는 늘 웃음기 가득하고 활기찬 모습이다. 그런 그가 아이들 교육에서도 자신만의 노하우로 훌륭한 아버지 역할을 하고 있다니 그의 노하우가 무척 궁금했다.

김훈동 리더는 광주에서 초·중·고를 다녔다. 초등학교 때, 우연히 친구 집에서 컴퓨터로 게임을 한 경험 때문에 컴퓨터를 좋아하게 되었다고. 그 덕분에 일찌감치 컴퓨터공학과로 진로를 정했다. 그가 신세계 빅데이터 팀의 팀 리더로 그리고 지금 SK텔레콤의 팀 리더로 성장하는 데에는 그의 곁에서 함께 성장하며 큰 힘이 되어준 기술 커뮤니티의 공이 크다. 그래서 커뮤니티에 대한 그의 애정은 남다르다. 지금도 늘 커뮤니티 회원들이 모이는 장소에는 빠지지 않고, 수시로 커뮤니티 게시판에 들어가 회원들의 질문에 답변을 달고 오프라인 세미나에서 발표하는 것은 이런 이유가 있다.

본인의 경험도 있지만, 업계에서 한가락 하는 사람들은 대부분 어린 시절에 컴퓨터를 접한 것을 알기에 첫 아이가 초등학교 1학년이 될 때부터 스크래치를 활용한 컴퓨터 교육을 직접 시작했다고 한다. 하지만 부모가 꾸준히 가르친다는 것이 쉽지 않은지라 유튜브의 전문 크리에이터들이 만든 교육 자료들을 딸에게 소개해 주며 직접 공부하라고 했다고. 실제 코딩하는 화면을 보면서 옆에서 본인이 따라 할 수 있어서 1학년 말이 되자 스크래치의 마지막 단계까지 수월하게 마쳤다고 한다. 또한, 스크래치에 익숙해지니 스스로 응용 게임을 만들게까지 되었다고 한다.

"요즘은 어느 집이나 아이들의 핸드폰 사용과 컴퓨터 게임 때문에 실랑이가 많이 벌어지잖아요. 그래서 저는 딸에게 직접 만든 게임은 조금 길게 해도 된다고 특별 당근을 줬어요. 그랬더니 자신이 만든 스크래치 게임의 캐릭터에 동생들 얼굴 사진을 넣고, 나중에는 직접 윈도우의 그림판을 이용해 캐릭터를 만드는 수준에까지 이르더라고요."

이쯤 되자 김훈동 리더는 싸이툴이라는 웹툰 만들기 도구를 찾아 자녀에게 소개해 주었다. 그랬더니 처음 스크래치를 만들 때 유튜브 동영상을 활용한 것과 마찬가지 방법으로 싸이툴 활용법 동영상을 찾아 직접 툴을 익히고는 자신의 애니메이션을 직접 그리기 시작했다고 한다. 3학년쯤 되니 네이버 지식인에 싸이툴 활용법이나 웹툰 만들기 방법, 디자이너용 테블릿을 활용하여 애니메이션 만들기에 관한 여러 질문에 답변을 달며 주니어 커뮤니티 리더로 무럭무럭 자라났다고.

김훈동 리더의 사례를 보면서 이제 교육에 부모들이 제대로 나서야 할 시점이 아닌가 하는 생각이 든다. 특히 아버지는 아이가 지금 열심히 공부하여 장래에 갖게 될 직업 세계를 미리 탐험하는 사람이다. 꼭 소프트웨어 업계가 아니어도 상관없다. 부모가 하는 금은방 일을 돕다 온라인 액세서리 판매 플랫폼을 만든 아들도 있다. 부모님이 종사하는 직업의 대부분은 장차 우리 아이들이 그 시대에 맞게 변형해 갈 것이다.

그러므로 내 아이뿐 아니라 미래 세대의 성장을 위해 자신의 직업과 연결된 커뮤니티 리더십을 발휘해 보면 어떨까? 스티브 잡스가 자란 1970년대의 실리콘밸리에는 전기, 전자 분야의 수많은 엔지니어가 모여 살고 있었다. 이들은 우리나라의 아버지들과 다른 점이 있었다. 모두 자기 차고에 작업대를 만들고, 무언가를 조립하면서 주말을 보내는, 취미와 직업이 연결된 사람들이었다. 스티브 잡스, 스티브 워즈니악과 같이 호기심 많은 악동들은 이런 동네 아저씨들의 차고를 기웃거리며 온갖 전기, 전자에 관한 지식을 습득했다. 결과적으로 이들 모두가 애플이라는 걸출한 기술 기업이 탄생하는 데 지대한 역할을 한 것이다. 아버지들이 교육에 제대로 나선다면, 우리나라에도 무수히 많은 스티브 잡스가 탄생할 것으로 믿어 의심치 않는다.

이 업계엔 고졸 실력자도 다수

비슷한 사례로 40권이 넘는 IT 도서를 저술한 김도균 작가도 있다. 그의 아들은 현재 소프트웨어 마이스터고를 졸업하고 곧바로 취업해 소프트웨어 엔지니어로 무럭무럭 성장하고 있다. 실무 경력을 더 쌓고 군대 문제도 해결한 이후에 대학에서 컴퓨터 공학을 전공하고 실리콘밸리에서 소프트웨어 개발자가 되려는 계획을 세우고 있다.

김도균 작가는 가끔 해외 콘퍼런스를 다니며 공부하는데 이때 아들과 종종 동행한다. 특히 아들이 중학교 1학년 때 실리콘밸리로의 여행은 그의 아들에게 소프트웨어 엔지니어로서의 꿈을 갖게 한 중요한 계기가 되었다. 커뮤니티에서 만나 알게 된 구글 엔지니어를 직접 만나 식사도 같이하며 자신의 꿈을 생생하게 그려볼 수 있었다.

꿈이 생생하게 그려지자 필요한 공부를 스스로 하기 시작했다. 수학뿐만 아니라 《기계와의 전쟁》, 칼 세이건의 《코스모스》, 《군주론》 등 독서도 게을리하지 않았다. 소프트웨어 마이스터고에 입학하기 위해서는 독서로 기른 상식을 면접에서 발표해야 하기 때문이다.

이뿐만 아니라 파이썬을 배울 수 있는 책을 통해 스스로 프로그래밍 지식을 쌓았고 급기야 파이콘과 같은 콘퍼런스에서 발표도 하며 커뮤니티 리더십을 익혀나갔다.

빌 게이츠도 스티브 잡스도 엄밀히 따지면 고졸이다. 나는 마이크로소프트에서 이들과 같이 뛰어난 능력을 지닌 고졸 직원을 다수 만났다. 물론, 고졸이라고 해서 더는 공부를 하지 않는다는 의미는 아니다. 소프트웨어 산업은 지속해서 공부해야 하는 분야이기 때문에 사이버 대학에 가서 부족한 공부를 더 하는 사람도 많고, 책이나 인터넷 강의 등으로 공부하는 사람도 많다.

이처럼 실무와 공부를 병행하면 공부 효율이 더욱 높아져 뒤늦게 대학에 가서 더 크게 성공하는 사람도 많다. 요즘에는 글로벌 기업들이 학벌에 상관없이 커뮤니티 리더를 우대하며 인정해 주고 있고, 이에 영향을 받아 국내 기업도 커뮤니티 리더에 관심을 기울이고 있다.

내 페이스북 친구 중에 고졸 개발자가 있는데, 구글의 GDG(Google Developer Group) 커뮤니티 리더가 되었더니 고졸이라고 퇴짜 놓았던 기업에서 연락이 왔다고 고백했다. 이처럼 커뮤니티 리더가 대우받는 사회가 빨리 와서 학력과 학벌 때문에 차별당하는 사람이 줄어들길 기원해 본다.

부모가 본을 보이는 엘리트 리더십

한 달 전인가 갑자기 본사에 있는 디렉터(Director)에게서 메일 한 통이 왔다. 자신의 그룹에서 일하고 있는 팀장들에게 보낸 메일이 었다. 그는 캐나다 캘거리 근처의 조그마한 동네에서 태어나고 자란 것을 자랑스럽게 여기는 깐깐한 보스이다.

"매니저팀 친구들…"로 시작하는 메일이라 어감을 살려 구어체로 번역해보겠다.

"많은 이들이 이미 알고 있듯이 나는 오래 전부터 주니어 하키팀 하나를 살 계획을 하고 있었어. 우리 아들이 주니어 하키팀에서 활동 하며 평생 잊지 못할 소중한 경험을 쌓을 수 있도록 도와준 게 늘 고 마웠거든. 참고로 주니어 하키팀은 16~20살 청소년 팀을 말해. 드디 어 수년의 물색 끝에 내가 태어나 자란 도시 캘거리에 있는 팀을 하 나 발견했어. 멋진 청소년 선수들이 있지만, 올바른 방향으로 이끌어 줄 리더십이 꼭 필요한 팀이야.

나는 오늘 자정부터 캘거리 주니어 하키 클럽의 최고 이사 겸 대표 가 돼. 이 클럽은 비영리단체이기 때문에 내 하키에 대한 열정과 사 회 공헌 모두를 만족하게 해 줄 수 있어서 정말 신나. 나는 12명 정도 가 참여하는 이사회를 꾸릴 예정이야. 기술전문가, 활동 기획자, 임 원 그리고 에너지 업계에서 몇 명, 여성 사업가 두 명이 나와 함께하 기로 했어. 물론 매일의 실무를 책임질 매니저는 공식적으로 뽑아야

해. 나는 주로 저녁, 주말이나 휴가 때 활동할 예정이라 회사 업무엔 전혀 지장 없을 거야. 오늘 정오에 공식적인 발표가 나갈 텐데 공식 발표 전에 친구들에게 미리 알려주는 거야. 너무 신나서 말이야…."

이 메일을 보고 참 많은 생각이 들었다. 무엇보다 '아, 이런 리더, 참 괜찮다'란 생각이 들었다. 우리 시대의 멋진 리더란 어떤 사람일까? 자연스럽게 현재 우리나라의 리더들에 대해서도 생각해 보게 되었다.

우리가 아는 리더들은 대부분 자신의 시간과 열정을 모두 회사나 조직을 위해 쏟아부어 높은 곳에 올라간 사람들이다. 이들은 부와 명성을 쌓고 그렇게 쌓은 부와 명성을 자식에게 물려주려 큰 노력을 한다. 그래서 최고 좋은 학군에서 최고 좋은 선생님을 모셔다가 최고 좋은 대학에 보낼 수 있도록 물질적인 지원을 아끼지 않는다. 이런 교육을 받고 자란 아이들은 나 하나만 잘 살면 성공적인 삶이라는 암묵적인 목표를 부여받는다. 그렇게 자라난 자녀 세대가 우리 사회의 엘리트가 되어, 대부분 부모 세대와 비슷한 길을 간다. 부모 이외에는 딱히 롤모델이 없기 때문이다.

그런데 이 디렉터에게서 온 메일에서 나는 새로운 리더, 새로운 엘리트의 롤모델을 본 것이다. 열심히 일해 높은 자리에 가서 자신이 평생 축적한 부를 사회에 환원하는 모습에서 무엇인가 다른 격을 느꼈기 때문이었다. 하키팀에 단지 돈만 지원해 줬다면 느끼지 못할 격이었다.

그가 마이크로소프트의 임원급이라 해도, 지금껏 월급쟁이로 살아왔으니 그렇게 많은 부를 쌓지는 못했을 것이다. 사실 아이들 키우고 미국의 비싼 집값 내고 나면 남는 건 빤하다. 그런데도 자신이, 그리고 자녀가 받은 감동적인 경험을 또 다른 세대에 전달해 주려는 노력이 정말 멋있다는 생각이 들었다.

게다가 12명이 참여하는 커뮤니티를 만든 것도 참 영리하다. 아무리 좋은 뜻을 가지고 있어도 혼자 하면 재미도 없고, 지치기도 쉽다. 게다가 혼자서 팀을 이끌면 독선적인 결정을 내리기 쉽다. 무엇보다 흰머리 성성한 50대의 나이에도 하키에 대한 열정을 불태우고, 커뮤니티 안에서 아들과 같은 꿈을 꾸는 모습, 정말 멋지지 않은가?

잘하는 것 vs. 좋아하는 것 vs. 해야 하는 것

인생은 공평하지 않다. 좋아하는 걸 잘하면 좋지만, 잘하기가 쉽지 않다. 그리고 좋아하고 잘하는 것만 하고 살 수도 없다. 때로는 하기 싫어도 해야 하는 것이 있다. 특히 교육이 그렇다. 다만, 예전에는 과도하게 해야 하는 것에만 초점을 맞추었다면 이제 잘하는 것, 좋아하는 것, 그리고 해야 하는 것의 균형을 맞추어야 한다.

물론, 자신이 혹은 자녀가 천재라면 좋아하는 것만 해도 된다. 문제는 일반인이 그런 천재를 보며 자신을 괴롭힌다는 데 있다. 하지만 천재의 삶도 어려움이 많다. 그러니 비교하지 말고, 세 가지의 균형을 맞추며 나에게 가장 맞는 방법으로 성장하면 된다. 좋아하는 것, 잘하는 것은 이 책에서 설명한 대로 커뮤니티 공부로 익히면 된다. 다만, 학생의 경우 해야 하는 것은 학교생활이라 할 수 있다. 즉 학교생활에 충실해야 한다.

우리나라의 공교육은 전 세계를 통틀어 수준이 매우 높다. 수없이 많은 교육공학자가 연구에 연구를 거듭하여 만든 교육 시스템이다. 모든 과목이 유기적으로 결합되어 있어 사회인으로서의 기본 소양인 공감 능력이 올라간다. 다만, 지름길을 알려주는 사교육에 의존하지 않고 학생 스스로 예습, 복습하고 학교수업에 집중해야 한다. 시험을 준비하는 과정도 자신의 장단점을 파악해가며 다른 사람과의 비교가 아닌 나 스스로의 성장에 집중하며 해야 한다. 점수나 등수에 상관없이 이러한 과정을 충실히 하는 법을 배워나간다면 이후 건실한 사회인으로 크는 데 큰 어려움이 없다. 또한 사교육의 개입이 최소화된다면 공교육 선생님도 다시 한 번 교육자로서의 사명감을 불태울 수 있는 계기가 되지 않을까?

하지만 어린 시절부터 해야 하는 것, 특히 공부에 과도한 에너지를 소비할 필요는 없다. 학교에서는 공부만 하는 것이 아니다. 선생님, 그리고 또래들과 관계 맺으며 사회생활을 미리 배운다. 요즈음은 조별 토론 활동, 동아리 활동도 많다. 모두 커뮤니티 리더십을 키우기 위한 좋은 공부다.

학교 공부 또한 당장의 시험 성적을 위한 공부보다 나를 훈련하는 과정으로서의 공부에 초점을 맞추면 좋겠다. 나는 어떤 과목을 좋아하고 잘하는지, 어려움을 극복하는 나만의 방법은 무엇인지, 나에게 가장 잘 맞는 배움의 방법은 무엇인지 등, 학교생활 안에서 '나'라는 자아와 나만의 성장하는 방법을 차근히 터득하면 된다. 사회에 나와 보면 안다. 학교에서 1등 하던 친구가 사회에서도 1등은 아니라는 것을. 학교 성적순이 아니라 자신을 가장 잘 파악하고, 자신에게 맞는 방식을 찾아 당당하게 살아가는 친구가 인생의 승자라는 것을.

기다리는 부모가 인재를 만든다

무엇보다 아이들이 배움의 기쁨을 알게 해야 한다고 수없이 많은 전문가가 강조한다. 나뿐만 아니라 내가 만난 수많은 커뮤니티 리더 중에 배우는 것을 즐기지 않는 사람은 없었다. 누가 시켜서, 혹은 강압적인 환경에서는 이러한 배움의 기쁨을 알기 어렵다. 어떤 주제든 아이가 호기심을 가지는 것이 있다면 격려해주고 뒤에서 지원만 해주면 된다. 부모가 좋은 학원을 알아봐 주고, 운전기사 역할을 하면 할수록 아이가 스스로 생각하는 힘, 질문하는 힘이 약해진다. 부모가 지금 당장의 성적에 연연해할수록 아이들이 미래에 써야 할 역량과 에너지를 다 소진해 버리는 결과를 가져온다. 이를 보여주는 좋은 사례로 20대의 나이에 네이버에서 일하고 있는 신정아 씨를 소개하고자 한다.

신정아 씨는 대학을 졸업하기도 전에 취업에 성공했다. 현재는 자신보다 10살~15살 많은 전문가들과 인공지능 기술을 연구하고 AI 서비스도 만들고 있다. 이런 그녀의 이력만 본다면 어릴 때부터 영재 소리를 들었거나 혹은 공부만 한 모범생으로 생각할 수 있다. 하지만 그녀는 수줍게 웃으며 다음과 같은 이야기를 들려주었다.

"제 위로 오빠가 있어요. 그런데 저희 부모님이 오빠에게 거는 기대가 무척 크셨거든요. 아주 어릴 때부터 각종 학원에 다녔어요. 9살, 10살 때부터 학원에서 12시에 귀가하고 그랬던 것 같아요. 지금도 생각이 나는데, 부모님이 오빠가 시험에서 1등 하면 강아지를 사준다고 약속해서 놀고 싶은 것도 꾹 참고 공부했나 봐요. 그리고 마침내 1등 해서 강아지를 받아들고는 그렇게 서럽게 우는 거예요. 어린 나이에 놀지도 못하고 공부만 해서 얼마나 서러웠는지 저도 괜히 따라 울었던 기억이 나요."

하지만 그렇게 억지로 시킨 공부는 초등학교 고학년이 되면서 엇박자가 나기 시작했다. 사춘기를 지나며 오빠는 마음의 문을 닫기 시작했다. 눈에 띄게 말수가 없어지더니, 곧 잘 하던 공부에도 흥미를 잃기 시작했고 최상위권이던 성적도 바닥을 치기 시작했다.

"오빠가 그렇게 되고 나니 부모님의 생각이 많이 바뀌셨어요. 아이가 침체되는 것보다 '그냥 하고 싶은 것 하면서 커라'로 완전히 바뀌셨죠. 덕분에 저는 정말 초등학교 시절에 오빠와 매일 '메이플 스토리'란 게임만 하고 지냈어요. 컴퓨터하고만 상대하니 재미없다며 오빠가 저에게 게임을 가르쳤거든요. 진짜 학교 끝마치면 집에 와서 게임만 했어요. 하루 15~18시간 게임만 한 적도 많아요. 화면에 경고가 나오고 나서야 그만두고 그랬던 것 같아요."

부모님이 충분히 기다려 주어서일까, 정아 씨도 중학생이 되자 하고 싶은 공부가 생겼다. 중학생 때 한·중·일 역사 캠프에 참여했던 게 계기가 되어 외국어를 더 배우고 싶다는 의지가 생겼다. 외국인과 이야기도 하고 싶고, 다른 나라는 어떤 곳일까 궁금하기도 하여 외국어를 열심히 공부했다. 외국어에 관심이 생기자 자연스럽게 외고를 가고 싶다는 생각이 들었고, 힘들었지만 스스로 게임도 끊었다. 결국 중학교 3년 동안 열심히 공부하여 인천에 있는 신생 외고에 중국어 전공으로 입학했다. 하지만 고등학교 3학년 첫 학기의 시작을 바로 앞둔 어느 날 제니퍼소프트라는 소프트웨어 전문기업에 대한 이야기를 TV에서 우연히 보게 되었다. 그러고는 직접 이메일로 대표님께 견학 요청을 했다. 제니퍼소프트의 대표와 프로그래머들을 만나 대화를 나누며 진로를 소프트웨어 쪽으로 바꿨다. 고등학교 3학년 때, 문과에서 이과로 바꾸어 부족한 수학 공부를 EBS 등을 통해 보충하고, 대학에 와서는 커뮤니티 활동으로 공부의 폭을 넓혔다.

사실 이러한 사례는 커뮤니티 리더들에게는 무척 흔하다. 학벌이 좋건 나쁘건 공부를 해야겠다는 계기가 마련되면 공부할 방법은 수도 없이 많기 때문에 문제가 되지 않는다.

자녀를 미래 사회에서 당당하게 살아갈 수 있도록 키우고 싶은가? 그렇다면 더욱더 멀리 내다보고 자녀를 믿고 기다려 주어야 한다. 어떠한 미래가 와도 당당하게 헤쳐나갈 힘은 어린 시절 부모가 보여준 담대한 삶의 태도와 자식에 대한 무한 신뢰에서 나온다.

부모와 아이가 함께 기르는 커뮤니티 리더십

부모 입장에서 보면 아이들의 성장은 20대 후반에서야 겨우 끝난다. 달리기에 비유하자면 마라톤과 같다. 마라토너들이 초반부터 전력 질주하는 경우는 드물다. 묵묵히 한 발 한 발 자신의 속도에 맞추어 달리다 결승점이 다가오면 젖 먹던 힘을 다한다. 우리나라와 중국과 같은 일부 아시아 국가를 제외한 나라들의 교육도 마라톤과 같다. 초·중·고등학교 공부는 느슨하다가 대학 이후에 치열해진다.

그런데 우리나라 부모는 그렇게 느긋하다가 나중에 갈 수 있는 학교가 없게 되면 어떡하냐고 걱정하며 아이들을 몰아세운다. 하지만 나를 원하는 학교가 없다고 해서 세상이 무너지지는 않는다.

이미 우리는 그런 시대를 맞이하고 있다. 기술의 진보가 가져온 축복 중 하나다. 예전에는 학교에서만 배울 수 있었지만, 이제는 아니다. 온·오프라인에서 다양한 형태의 학교가 생겨나고 있다. 나의 상황과 개성에 맞게 골라잡아 공부하되, 커뮤니티 리더십으로 제대로 공부하는 법을 익히면 된다.

나를 원하거나 혹은 내가 원하는 직장이 없다면, 창업이나 창직 (새로운 직무(직업)을 만드는 것)을 고려할 수도 있다. 다음은 대학에서 창직 컨설팅을 하는 배준오 MVP의 말이다

"지금 이 순간도 수없이 많은 새로운 직업이 탄생하고 있습니다. 많은 기업과 국가에서 창직에 투자하는 이유입니다"

시장이 점점 더 개별화, 맞춤화되어 예전과 같은 대규모의 일자리가 생겨날 수는 없다. 대신 수없이 다양한 직업과 일자리가 생기므로 자신의 관심사와 역량에 따라 오랫동안 커뮤니티 리더십을 쌓아 올리며 유연하게 도전해야 한다.

또한 성장은 아이 따로, 부모 따로 하는 것이 아니라는 것을 앞의 사례로 살펴보았다. 커뮤니티가 다양성을 포용하며 모든 이의 성장을 이끄는 만큼, 부모와 자식도 커뮤니티 안에서 서로를 성장시킬 수 있다. 부모와 함께 자연스럽게 익힌 커뮤니티 리더십은 어떤 미래가 펼쳐져도 아이를 지탱해줄 든든한 힘이 된다. 또한 부모와 함께 커뮤니티에서 길을 찾아본 경험은 아이에게 최고의 추억이

되어줄 것이다.

열심히 돈을 벌어 아이들의 사교육비에 아낌없이 투자하는 것이 최고의 부모가 되는 법이 아니라는 것을 우리 모두 잘 안다. 만약 다른 방법을 모르기 때문에 이렇게 해왔다면, 위의 사례와 책에서 다룬 수많은 커뮤니티 리더들의 사례를 통해 새로운 방법을 찾도록 하자. 지금은 혁신의 시대다. 과거에 맞던 것이 지금은 틀리며, 미래에는 또 어떻게 될는지 모른다. 나와 내 아이만의 고유한 이야기를 커뮤니티 안에서 만들어가야만 하는 이유가 여기에 있다.

싱가포르와 호주의
재미있고 행복한
커뮤니티 리더들

미래를 위해 현재의 재미와 행복을 포기하는 것이 최근까지도 미덕으로 여겨졌다. 하지만 90년대 생의 등장과 사회 변화로 이제 더는 개미의 삶을 미덕으로 여기지 않는다. 오히려 현재를 즐기고 자신의 행복을 추구하는 것이 창조와 융합이 필수 불가결한 현재와 미래 사회에 꼭 필요한 덕목이 되고 있다.

나는 호주와 동남아시아의 커뮤니티 리더들을 만나며 이러한 변화를 일찌감치 파악했다. 늘 즐겁고 행복해 보이는 이 지역의 커뮤니티 리더들이 다소 심각한 한국의 리더들보다 훨씬 많은 성과를 내며 더욱 승승장구했기 때문이다. 나는 그 이유가 궁금해서 한 사람, 한 사람의 스토리에 귀를 기울였다. 여기에서 잠깐 그들의 이야기를 나누고자 한다.

한국과 호주 뉴질랜드를 거쳐 이제 막 동남아시아의 커뮤니티 프로그램 매니저가 되었던 2016년 여름이었다. 마리나베이샌즈 호텔이 내려다보이는 싱가포르 마이크로소프트 APAC 사무실에서 싱가포르의 IT 커뮤니티 리더를 한자리에 모으는 행사를 기획했다. 행사목적은 각각의 커뮤니티를 운영하는 리더들이 네트워크를 형성할수 있도록 돕고, 최근 마이크로소프트가 펼치고 있는 클라우드 서비스도 소개하며 관련 커뮤니티의 활성화를 도모하기 위함이었다.

싱가포르는 호주만큼이나 다양한 인종으로 이루어진 국가라는 것이 이 행사를 통해서도 여실히 알 수 있었다. 싱가포르의 주류인 화교 이외에도 인도인, 말레이시아인, 필리핀인, 인도네시아인, 프랑스인, 미국인, 일본인 등 정말 다양한 인종의 커뮤니티 리더들이 한자리에 모였다. 이런 다양한 인종, 다양한 커뮤니티가 모두 공감할 주제를 찾아 행사의 목표를 이루어야 했기에 처음에는 막막하게 느껴졌다. 하지만 곧, 그것이 기우라는 것을 깨달았다. 커뮤니티 리더들은 인종은 다르지만, 비슷한 점이 많았기 때문이었다. 바로 기술에 대한 열정과 내가 알고 있는 것을 아낌없이 나누려는 선한 마음, 그리고 배우고 싶고 성장하고 싶다는 열망 말이다.

이 행사에서 커뮤니티 리더들의 다양한 얘기를 들을 수 있었는데, 모두 한 가지로 귀결되었다. 커뮤니티 리더십이 성장의 밑거름이 되었으며, 커뮤니티가 있기에 너무나 재미있고 행복하게 미래를 꿈꿀 수 있게 되었다는 것이다. 그중 인도에서 건너온 평범한 이민자인 모하메드 파이잘(Mohamad Fizal)의 에너지 넘치는 강연을 잊을 수 없다.

파이잘은 현재 마이크로소프트에서 APAC 리전 클라우드 테크 (Cloud Tech) 담당자로 일하고 있다. 마이크로소프트의 직원이 되기 전에도, 그리고 직원이 된 이후에도 그의 커뮤니티 사랑은 변함없다. 여전히 싱가포르 클라우드 커뮤니티에서 숨 가쁘게 바뀌는 기술들을 공유하고, 또 어려운 점이 생기면 회원과 도움을 주고받는다.

"제가 평범한 이민자이지만, 지금까지 이렇게 싱가포르 사회에서 뿌리를 단단하게 내리고 가족과 함께 행복하게 생활할 수 있게 도와준 것은 단연코 커뮤니티입니다. 커뮤니티에서 만난 여러 동료가 있었기에 제가 이렇게 성장할 수 있었어요."

이런 고마운 커뮤니티를 위해 그는 매주 블로그를 통해 자신이 알고 있는 지식을 나누는 일을 해왔는데, 결과적으로 그러한 노력이 자신의 지식과 생각의 깊이를 키우는 밑거름이 되었다고 한다.

"저는 매주 토요일 아침, 한 주간 배운 기술을 정리하고, 차분히 생각하고 고민하는 시간을 꼭 가집니다. 커뮤니티를 위해 한 일이 결과적으로는 제 공부의 깊이를 더 한 것이지요."

이렇게 공유된 그의 블로그는 같은 기술을 공부하는 수없이 많은 사람에게 도움이 되었다. 이렇게 도움받은 사람들이 그의 글을 트위터나 페이스북으로 더 많은 사람에게 공유하니, 파이잘이 싱가포르 혹은 아시아 지역에서 클라우드 기술 전문가로 거듭난 것은 어찌 보면 당연한 수순이라 할 수 있다.

이런 사례는 파이잘뿐 아니라 싱가포르 안에 수없이 많다. 이제막 대학원을 졸업한 케네스(Kenneth)도 그중 한 사람이다. 케네스는 싱가포르에서 나고 자란 토종 싱가포리안이다. 그는 대학원 졸업을 6개월 앞둔 어느 날 싱가포르를 방문하여 열심히 커뮤니티 리더십을 설파하고 있던 나를 우연히 만났다. 사업가로 성공한 아버지를 따라 자그마한 회사를 창업했는데 사업이 지지부진하여 회사를 접고 입사 준비를 해야 하는 게 아닌가 고민하던 때였다. 그는 나와의 대화를 통해 커뮤니티 리더십이 자신의 커리어를 위해 꼭 필요함을 깨닫고 내가 추천해 준, 자신과 가장 잘 맞는 커뮤니티를 골라 열심히 활동했다.

"대학원에서 배운 이론과 실무가 겹치니 더 신나게 공부할 수 있었어요. 처음에는 스터디에서 소수의 사람 앞에서 발표하는 것으로 시작했는데, 이후에는 조금씩 더 많은 청중을 앞에 두고 발표할 수 있게 되더라고요."

이런 과정을 거치며 케네스는 대학원 졸업을 성공적으로 할 수 있었고, 때마침 동남아시아 전체를 아우르는 MS 테크니컬 스페셜리스트 채용에 응모하여 당당히 입사하였다. 본인의 실력이 커 감과 동시에 테크 인플루언서(tech influencer)로서의 입지도 커졌음은 물론이다.

잉쏭(Eng Soeng), 잉텅(Eng Tung), 이 두 말레이시아 쌍둥이 형제의 사례도 빼놓을 수 없다. 형제는 고등학교만 졸업했지만, 소프트웨어에 관한 열정은 타의 추종을 불허했다. 둘은 힘을 합쳐 말레이시아 쿠알라룸푸르의 대표적인 소프트웨어 개발 커뮤니티를 운영하며 유튜브 등에서 자신이 새로 배운 기술을 나누는 일을 활발히 했다.

아직 20대 초반에 불과했지만, 말레이시아를 대표하는 커뮤니티를 운영하고 있어 마이크로소프트 MVP도 수상하게 됐다. 그런데 직접 만나 영어로 대화해 보니 정말 그들의 영어를 알아듣기가 무척 힘들었다. 발음도 발음이지만, 문법적으로도 틀린 문장이 많았기 때문이다.

하지만 이것은 그들의 앞길에 전혀 장애가 되지 않았다. 형제는 현재 싱가포르 중견 소프트웨어 회사에 입사하여 싱가포르로 삶의 터전을 옮겼다. 그리고 당연히 싱가포르에서도 커뮤니티를 조직하여 퇴근 후나 주말에 인맥도 만들고 새로운 기술도 즐겁게 공부하고 있다.

영어를 못 한다고 주눅들 필요가 없다고 얘기하고 싶어서 이들 쌍둥이 형제의 사례를 꺼내 보았다. 배우고 나누려는 태도와 긍정적인 에너지, 즉 커뮤니티 리더십만 있으면, 다른 것은 크게 문제 되지 않는다.

또 다른 커뮤니티 리더인 삭티쉬(Sakthis)와 센타밀(Senthamil)도 마찬가지다. 5~6년 전 인도에서 가족과 함께 싱가포르로 비슷한 시기에 이민 온 그들은 커뮤니티에서 만나 절친이 되었다. 기술 영역은 다르지만, 함께 커뮤니티 행사도 조직하고 공부도 하다 보니 서로의 실력이나 인성을 잘 알게 되었다. 그래서 좋은 기회가 있을 때 마다 서로를 추천하며 성공적인 싱가포르 생활을 해나갔다. 그들은 함박웃음을 지으며 커뮤니티가 없었다면, 지금의 자신들도 없었다고 기회가 될 때마다 힘주어 말한다.

이렇게 커뮤니티로 성장한 많은 리더가 커뮤니티 활동으로 삶의 재미를 찾고 행복할 수 있었다고 일관되게 말하고 있다. 호주에서 만난 커뮤니티 리더인 트로이 헌트도 대표적인 예이다. 그는 커뮤니티 활동으로 그의 커리어뿐 아니라 인생 전부를 원하는 방향으로 리모델링한 케이스다.

호주에서 평범한 제약회사의 직원으로 지내던 트로이. 그는 회사원이자 두 아이의 아버지로서 빡빡한 생활을 하고 있었다. 하지만 그는 틈틈이 개인적으로 관심 있던 사이버 보안 분야의 공부도 하고 커뮤니티 활동도 이어갔다. 공부하여 알게 된 지식을 커뮤니티와 소셜 미디어를 통해 적극적으로 나누는 것은 물론이었다. 그는 이런 활동 덕분에 마이크로소프트의 보안 부분 MVP가 되었다.

MVP가 된 이후에는 더욱 적극적으로 강연도 하고, 사이버 보안 이슈를 다룬 TV 다큐멘터리에도 출연하여 유명해졌다. 하지만 그런 활동을 하면서 매일매일 출근하는 회사원 생활을 유지하는 것은 어려웠다. 그리고 회사 생활에 회의도 들었다. 매일 정해진 자리에서 정해진 업무를 수행하는 것은 오로지 가족의 생계 때문이었다.

반면에 자신이 즐거워서 공부하고 지식을 나누는 커뮤니티 활동은 그에게 점점 자신감을 심어 주었다. 그가 노력한 만큼 그의 능력을 알아봐 주고 다양한 기회를 제공하려는 사람들과 더 많이 연결되었기 때문이다. 게다가 영어로 다양한 콘텐츠를 제공하다 보니 사는 곳은 시드니지만, 전 세계 사람들과 소통하는 것이 가능했다.

급기야 그는 회사를 그만두고 집값 비싸고 복잡한 시드니를 떠나드넓은 해안이 펼쳐진 골드코스트 근처의 멋진 집으로 이사했다. 매일 반복되는 출퇴근의 고통에서 벗어나 전 세계를 무대로 하는 사이버 보안 전문가 트로이 헌트로 새롭게 자신의 커리어를 만들고 인생을 개조한 것이다.

그는 이런 경험을 'Hack Your Career'란 이름으로 큰 콘퍼런스에서 발표도 하고, 유튜브(https://www.youtube.com/watch?v=-MUhcgXBj_A)에서도 공유한다. 커뮤니티 활동으로 인생의 재미와 행복을 느끼고 싶다면 들어봐도 좋은 강연이다.

아름다운 해변의 멋진 3층 집, 행복한 가족과의 일상을 즐기는 현재의 트로이만 본다면 그가 원래부터 그렇게 태어났다고 생각하기 쉽다. 하지만 나는 그가 긴 출퇴근 시간을 견디며 차곡차곡 전문 지식을 쌓고 열심히 커뮤니티 활동을 하던 모습을 기억한다. 하지만 그때도 그는 무척 활기차고 즐겁고 행복해 보였다. 멋진 미래를 위해 고뇌하고 참아내기만 한 것이 아니라 커뮤니티와 함께 성장하는 자신을 진정 즐겼기 때문이라고 생각한다. 신나고 즐겁게 커뮤니티

공부를 했을 뿐인데 꿈꾸던 미래까지 손에 넣은 이들이 진정 인생의
승리자가 아닐까?

에필로그

홀로 성장하는 시대는 끝났다

커뮤니티 리더십이란 주제로 책을 쓰겠다고 마음먹은 지 1년 하고도 6개월이 지나 이제 에필로그를 작성하고 있다니 감회가 새롭다. 처음에는 나 자신도 반신반의했던 것 같다. 2,000명이 넘는 글로벌 IT 전문가를 만나며 커뮤니티 리더십의 중요성을 알고는 있었지만, 그것을 책으로 써낸다는 것은 완전히 다른 문제였다. 글로벌로 통용되는 커뮤니티의 의미와 한국에서 알려진 커뮤니티의 의미도 달랐다. 지금은 조금씩 확대되고 있지만, 국내에서 진정한 의미의 커뮤니티 리더십을 이해하고 실천하고 있는 사람은 그 수가 너무나 적었다. 그래서 내가 이런 주제의 책을 쓴다고 했을 때 큰 호응도 없었고, 스스로도 자신이 없었다. 그래서 차일피일 미루며 여러 달이 흘렀다.

그러는 동안 공부만 열심히 해왔는데도 원하는 취업이 되지 않아 고전하고 있는 후배를 많이 만나게 되었다. 지금 직장에 잘 다니고 있는 동료들도 불안한 미래를 걱정하기는 매한가지였다. 또한, 세상은 4차 산업혁명이다, 인공지능이다 하며 급격히 변화하고 있는데 초등학교, 중학교에 다니는 우리 아이들의 교육 방향은 갈피를 못 잡고 있었다.

단, 내가 만난 커뮤니티 리더들은 예외였다. 모두 힘들다고 아우성치는데 이들만은 무슨 외계에서 온 사람들처럼 사는 게 즐겁다고 했다. 한국에서 만난 사람들만이 아니라 전 세계 어디를 가도 비슷한 이야기를 했다. 커뮤니티와 함께 성장할 수 있어 무척 행복하다고 말이다.

그래서 일반인과 커뮤니티 리더 간에 왜 이런 큰 차이가 발생하는지 연구를 더 해보기 시작했다. 현재 일어나는 수많은 시대적 변화와 앞으로 닥칠 미래, 그리고 이들의 특징과 커뮤니티에 대한 정의까지⋯ 물론 가장 많은 공을 들인 것은 가능한 많은 커뮤니티 리더를 만나고 그들의 이야기를 듣는 것이었다. 그들의 시작과 현재의 모습 그리고 미래까지, 어느 하나도 놓치지 않고 담아내려 애썼다. 하지만 지면 관계상 모든 이들의 이야기를 세세히 담아내지 못해 안타까운 마음이 크다. 책에서 직접 거론되지 않았지만, 그들이 해준 모든 이야기를 바탕으로 이 책이 완성되었다. 이 책은 모든 커뮤니티 리더와 함께 만들어낸 집단지성의 힘이라 말하고 싶다.

처음 프롤로그에 있던 이 책을 쓰며 가졌던 내 소망을 기억할 것이다. '아주 작은 한 가지라도 커뮤니티 리더십을 실천하는 것' 말이다. 현재 자신의 위치에서 시작할 수 있는 것이면 무엇이든 된다고도 했다. 아직도 커뮤니티 리더십 실천이 어렵게 느껴지는 분들을 위해 앞에서도 소개했던 남편의 변화를 소개하고자 한다.

앞에서는 프리랜서 예술가라고만 했는데 남편의 구체적인 직업은 배우이다. 이 땅에는 여러분들이 기억하는 화려한 배우들의 그늘에 가린 이름 없는 수없이 많은 배우가 존재한다. 이들은 작업이 들어오기 전까지 하염없이 기다리며 혼자서 묵묵히 자신의 실력을 갈고 닦아야 한다. 그러기에 가족이 해결해 줄 수 없는 고독함이 상존한다.

이런 상황에서 남편은 마침 내 원고의 첫 부분을 읽게 되었다. 스무 페이지 남짓한 원고를 쓰고는 남편에게 어떤지 읽어봐 달라고 부탁했기 때문이다. 어쩐 일인지 남편은 그 짧은 원고를 읽고 나서 배우들의 커뮤니티를 만들어야겠다고 결심했다.

남편은 그동안 함께 작품을 했던 선배, 후배 중 뜻이 맞는 사람을 모았다. 그리고 일주일에 한 번 정해진 시간과 장소에서 만나 연기 스터디를 하기로 했다. 한 작품을 골라 각자 할 수 있는 배역을 정해 실제처럼 준비하여 연기하고 핸드폰으로 촬영도 했다. 촬영된 내용을 편집해 꼼꼼히 분석하며 서로의 연기에 대해 피드백을 주고받으며 각자 연기의 장단점을 찾아 나갔다.

남편은 이런 과정을 통해 이전에는 경험하지 못한 중요한 변화가 생겼다며 이 원고가 마무리될 때쯤 신나게 설명해 주었다.

첫째, 연기를 하기 위해 언제 시작할지도 모를 작품을 하염없이 기다릴 필요가 없어졌다. 대부분의 배우는 연기 자체를 좋아하는 사람들이다. 연기를 하면서 살아 있음을 느끼는 존재인데 연기를 할 수 있는 기회 자체가 너무나 간헐적으로 온다. 하지만 커뮤니티를 통해 좋아하는 연기를 할 수 있는 기회를 스스로 만들 수 있어 무척 좋았다.

둘째, 배우로서 느끼는 고민을 공유할 수 있는 소통의 길이 열렸다. 같은 고민을 커뮤니티 멤버와 공유하며 나만이 느끼는 두려움이 아니라는 것을 알게 되어 심리적으로 훨씬 안정되었다. 또한 함께 하는 멤버들을 통해 최근 트렌드도 더욱 빨리 접하는 장점도 생겼고, 그들의 네트워크를 통해 더 많은 기회를 포착할 수 있게 되었다.

셋째, 구체적이고 예측 가능한 목표가 생기니 예전과는 다른 에너지가 생겨났다. 규칙적으로 생활하니 활력도 생기고 훨씬 능동적으로 변모했다.

물론 처음 해보는 리더십이라 다른 사람의 마음을 잘 보듬지 못하던가 의견 충돌이 있을 때 오해가 생기기도 하지만, 이 또한 대화로 풀어나가며 서로와 인간에 대한 이해를 높이는 기회가 되었다고 했다. 무엇보다 이 모든 이유로 인해 연기에 대해 더욱더 뜨거운 열정이 생겨났다고 했다.

커뮤니티 리더십은 그냥 이론이 아니다. 나를 변화시키고 내 가족과 이웃 그리고 우리 사회를 변화시키는 소박하지만 큰 힘이다. 나는 남편의 생생한 변화가 감사하다. 소프트웨어 업계뿐만 아니라 그 어떤 영역에서도 가능한 일이라고 당당하게 말할 수 있는 사례가 되어 주었기 때문이다. 이에 힘입어 나 또한 더 많은 사람들이 커뮤니티에서 길을 찾아갈 수 있도록 서로 돕고 소통하는 커뮤니티를 운영하려고 한다. 페이스북에서 '커뮤니티에서 길을 찾은 사람들(커뮤니티 길찾사)'를 찾아 다양한 커뮤니티 정보와 사례를 나누며 서로를 성장시켜 나가면 좋겠다.

지금 우리는 급격한 기술의 변화 가운데에 서 있다. 인공지능, 빅데이터, 스마트 팩토리와 같은 기계들이 인간의 능력을 시시각각 시험하고 있다. 아니, 물리적으로는 이미 인간의 능력을 한참 뛰어넘었다. 하지만 스마트한 기계는 아무런 스토리가 없다. 그래서 감동도 없다. 따라서 스마트한 기계와의 경쟁에서 이길 수 있는 가장 강력한 무기는 바로 나 자신이 만들어가는 고유한 스토리다. 그리고 그 스토리는 어렵고 힘든 무대를 배경으로 할 때 훨씬 감동적이며 더 큰 에너지가 된다.

내가 만난 수많은 커뮤니티 리더의 인터뷰를 글로 정리해보니 편안한 환경에서 살아온 사람의 스토리는 평탄하고 부드러웠다. 반대로 힘든 환경에서 살아온 사람의 스토리는 투박하지만, 마음을 울리는 감동이 있었다. 어렵고 힘든 환경을 헤쳐 나온 감동의 스토리들 덕분에 이 책을 끝까지 써 내려가는 힘을 낼 수 있었다. 그러니 내가 처한 환경에 불평하기보다는 내가 오늘 만들어가는 스토리에 집중했으면 좋겠다. 다만, 내 스토리와 멋진 하모니를 이루어 줄 다른 사람들의 스토리에도 귀를 기울이자. 이제 홀로 성장하는 시대는 끝났다. 다른 사람과 함께 성장하며 커뮤니티에서 길을 찾는 흥미진진한 시대가 열린 것이다.

부록

커뮤니티 리더 & 커뮤니티 리스트

이름	주요 커뮤니티 활동 내역	커뮤니티 리스트
이소영	커뮤니티에서 더 많은 사람이 길을 찾도록 돕는 길잡이 역할의 커뮤니티 운영. (커뮤니티 길찾사)	https://www.facebook.com/groups/CommunityGCS/
이민석	이노베이션 아카데미 초대학장, 소프트웨어 교육에 관한 정보를 공유.	http://hl1itj.tistory.com https://github.com/innovationacademy-kr/community-meetups
김영욱	IT 트랜드를 소개하고 프로그래밍 언어를 쉽게 배울 수 있도록 강의 동영상을 공유.	https://www.youtube.com/user/koreaeva/
채은경	㈜유클리스소프트의 대표로 대전 지역 은퇴 과학자 모임에서 새로운 기술을 소개하고 나눔.	http://blog.naver.com/euclidsoft/
최영락	오픈스택 한국 커뮤니티, 클라우드 관련 오픈소스를 공부하고, 관련 인프라 & 관리에 관한 스터디 및 밋업을 주기적으로 개최.	http://www.openstack.or.kr https://www.facebook.com/groups/openstack.kr/ https://www.facebook.com/groups/DevCSeoul/
강창훈	소프트웨어 아키텍트 .NET & C# 개발자. AI 챗봇 개발자 커뮤니티와 ML.NET 커뮤니티 운영.	https://www.facebook.com/groups/2356576637755945/
옥찬호	넥슨 개발자로 C++ 개발자 커뮤니티를 운영하고 정보를 공유.	https://www.facebook.com/utilforever https://github.com/utilForever
남정현	Korea Azure 사용자 커뮤니티, .NET 개발자 커뮤니티 등을 운영하며 클라우드 및 프로그래밍 관련 정보 공유.	https://www.facebook.com/groups/krazure https://medium.com/rkttu https://www.facebook.com/groups/dotnetdev.kr

김도균	PowerShell Korea 커뮤니티를 운영하며 PowerShell 사용 팁과 정보 제공. 또한 '책에서 길을 찾다'라는 커뮤니티를 통해 책에서 내가 걸어야 할 길을 발견하는 기쁨을 나누고 공유함.	https://www.facebook.com/PowerShellKorea https://www.facebook.com/groups/lifewithbook https://www.dokyun.pe.kr
이희진	Microsoft365(Office365)를 업무 생산성, 협업, 커뮤니케이션에 활용하는 방법을 소개함.	https://www.facebook.com/groups/2021712761412924 https://www.facebook.com/groups/186157792162477 https://cafe.naver.com/office365user
주민규	스마트앱 개발자 포럼, 광화문 AI 등의 커뮤니티에서 AI 기술, 클라우드 및 다양한 소프트웨어 지식과 정보를 공유.	https://www.facebook.com/groups/smartphone.forum https://www.facebook.com/groups/GwangAI
고현정	오피스365를 활용한 스마트워크 방법을 나눔.	https://www.facebook.com/omas365/ https://www.youtube.com/channel/오마스 https://cafe.naver.com/wiseo365 https://blog.naver.com/wiseo365
고재성	네트워크 전문가 따라잡기(네전따), 커뮤니티와 개인 블로그에서 네트워크 및 클라우드 등 다양한 IT 엔지니어로 필요한 기술과 정보를 나눔.	https://cafe.naver.com/neteg https://zigispace.net
김지훈	파워포인트 커뮤니티와 개인 블로그에서 발표자료 만드는 법, 파워포인트 작성법 등의 정보를 나눔.	http://www.powerpoint.kr https://knight07.blog.me/
전미정	AI 개발자, 케라스 코리아 커뮤니티 운영진으로 딥러닝 아이디어를 빨리 구현하고 실험하기 위한 목적의 케라스 기술 정보와 지식을 나눔.	https://www.facebook.com/groups/KerasKorea
이종인	모여서 각자 코딩하는(모각코) 커뮤니티의 운영자로 소프트웨어 개발, 클라우드 기술, 스타트업 운영을 위한 기술 정보와 지식을 나눔.	https://www.facebook.com/groups/mogaco/ https://www.facebook.com/groups/csdev/

박은정, 이준형, 권순만, 이은주, 이희진	IT 관리자 및 관련 전문가들이 만든 Office365 for IT 커뮤니티. 서로의 업무 환경과 적용 사례도 함께 공유하여 더욱 생산성 높은 클라우드 서비스를 사용할 수 있도록 정보와 지식을 나눔.	https://www.facebook.com/groups/186157792162477/
전경수	마이크로소프트 원노트 사용자를 위한 정보 나눔과 '무엇이든 물어보세요' 월간 모임을 주최함.	https://cafe.naver.com/onenoteuser https://www.facebook.com/groups/onenoteuser/
이경용	APP, WEB, VR, AI, 챗봇 등 기술 중심 전문기업 운영. ICT 분야 창업기업의 성장을 위한 멘토 및 전문위원 활동과 개발자 커뮤니티 운영.	https://www.facebook.com/lkylove
김훈동	Korea Spark 사용자 커뮤니티(스사모) 운영진. Production AI & AI DevOps & AI Serving Optimization 관련 각종 정보와 지식을 나눔.	https://web.facebook.com/groups/sparkkoreauser/ http://hoondongkim.blogspot.kr
이지훈	파워포인트 유튜브 채널 '이지쌤' 운영. 파워포인트 활용 및 office 365 활용에 관한 내용을 강의하고 공유함.	https://www.youtube.com/channel/UC-6FxcmnbyVeZaYc025l_xQ https://www.facebook.com/groups/powerpointmansa/ www.ezworld.co.kr
변정한	엑셀/액세스/ MS SQL/ MS Power BI 등의 지식과 정보를 나눔.	https://cafe.naver.com/office2080#
김정선	SQL 서버와 데이터베이스 관련 정보와 지식을 나눔.	https://www.facebook.com/sqlpasskorea
배준오	발표 잘하는 법, 파워포인트 잘 만드는 법 등을 커뮤니티에서 나눔. 또한, 대학생을 위한 창직(새로운 직업을 만들어 내는 일) 멘토로 활동 중.	https://cafe.naver.com/papo http://powerpoint.pe.kr/
김민성	임베디드 시스템 개발자 커뮤니티에서 IoT 등 최신 기술과 정보를 나눔.	https://cafe.naver.com/kindplayer

이진석	파이썬/장고 기반의 웹개발 Q&A 커뮤니티를 운영 중.	https://www.facebook.com/groups/askdjango https://www.facebook.com/allieuslee
최정현	IT 엔지니어를 위한 여러 의견, 궁금한 사항을 편하게 이야기하고, 나눌 수 있는 커뮤니티를 운영 중.	https://www.facebook.com/oopslync https://www.facebook.com/groups/koreaitengineer/
유정협	마이크로소프트 애저를 중심으로 한 클라우드 테크놀로지와 개발 생산성 향상에 관한 정보와 지식을 나눔.	https://facebook.com/groups/serverless.korea/ https://koreandevelopersaustralia.org/ https://aliencube.org/ https://devkimchi.com/
한상훈	ASP.NET에 관심이 있다면 누구나 참여할 수 있는 공개 커뮤니티를 운영하며, IT 정보와 지식을 나눔.	https://www.facebook.com/ITist https://www.facebook.com/groups/AspxKorea/
한상곤	한국 우분투 사용자 커뮤니티를 운영하는 중. 우분투와 파이썬에 관한 정보와 지식을 나눔.	https://www.facebook.com/sigmadream https://www.facebook.com/groups/ubuntu.ko/
김세준	한국 애저 사용자 커뮤니티를 운영하며, 클라우드에 관한 정보와 지식을 나눔.	https://www.facebook.com/kimsejun2000 https://www.facebook.com/groups/krazure https://itexplorer.tistory.com/
박성기	서피스 사용자 그룹, 윈도우 사용자 그룹 등을 운영하며, IT 전문가와 비전문가를 위한 정보와 지식을 나눔.	https://www.facebook.com/windowstory http://post.naver.com/itpromvp https://www.facebook.com/groups/SurfaceKorea/ https://www.facebook.com/groups/krazure
유승호	기술 관련 지식을 나누는 사이트, 와글넷커뮤니티(www.waglwagl.net)를 운영하며, 최신 클라우드 기술을 나눔.	https://www.facebook.com/hahaysh https://www.facebook.com/groups/waglnet/ hahaysh.blog.me
안태윤	Microsoft Exchange Server와 Exchange Online, Outlook에 관한 기술 및 제품 소개와 활용, 팁, 트러블슈팅 등의 지식을 나눔.	https://www.facebook.com/ExchangeLyncMVP/ http://taeyoun.com

이승훈	Micorosoft Azure 기술에 관련된 내용을 공유하고 지식을 나눔.	https://www.facebook.com/sh.lee.5876 https://www.facebook.com/sh.lee.5876
박용준	비주얼아카데미라는 유튜브 채널을 운영하며, 각종 소프트웨어 기술을 나눔.	https://youtube.com/c/visualacademy http://www.taeyo.net
하현주	'데이터야 놀자'라는 데이터를 다루는 모든 사람을 위한 커뮤니티를 운영 중. 데이터라는 공통주제로 관심 있는 사람이 모여 자유롭게 지식과 정보를 나눌 수 있도록 도움.	https://www.facebook.com/groups/318994605688517/ https://www.facebook.com/olivihaha
김완태	대구 소프트웨어고등학교에서 4년째 재능기부 봉사활동을 함. 학생들에게 소프트웨어 교육과 관련한 멘토링을 함.	https://www.facebook.com/tsoft/
김유정	Xbox 게임 등 아이들과 함께 할 수 있는 게임 정보를 유튜브를 통해 나눔.	https://www.facebook.com/KoreaJohnKim https://www.youtube.com/channel/UCPhiPHt0qWegQt26OL4vPBg https://www.facebook.com/XBOXMVP/
강성욱	LA 한인 IT 커뮤니티를 운영하며 IT 업계에서 일하는 사람들의 스터디 및 정보를 나눔.	https://www.facebook.com/groups/SQLAngeles/ http://sqlangeles.com
김성엽	C, C++을 사용한 Windows 프로그래밍 정보 공유 커뮤니티 운영 중. 대학생을 위한 특강을 꾸준히 운영 중.	http://www.tipssoft.com https://www.youtube.com/channel/UCc6yOlxAPGkrO8dD8_hVcmg https://blog.naver.com/tipsware
한석희	Azure나 Office365 등 Microsoft의 클라우드 기술을 주로 공유함.	https://www.facebook.com/groups/krazure https://pnumber.blog.me/
신수원	Dynamics365 소식 및 기술에 관련된 내용을 공유하고 나눔.	https://www.facebook.com/groups/248547002427830 https://www.youtube.com/user/crmmst1 https://cafe.naver.com/dcrm
신정아	구글 디벨로퍼 그룹과 한국 애저 사용자 커뮤니티에서 On-Device ML 등의 정보를 나눔.	Google Developer Group https://www.facebook.com/groups/krazure

정성태	닷넷 프레임워크 관련 개발 기술을 주로 다루고 지식을 나눔.	https://twitter.com/techsharer http://www.sysnet.pe.kr
장성민	한국 웹 접근성 그룹(Korea Web Accessibility Group)을 운영함. 국내 웹 접근성을 향상하기 위한 자발적인 모임으로, 회원 상호 간의 정보 공유와 스터디, 세미나 등을 진행하는 온라인/오프라인 모임.	https://www.facebook.com/groups/kwag.net/ https://kwag.net
김성태	윈도우 관련 지식을 나누고 공유함.	https://www.facebook.com/sungtg https://sungtg.tistory.com/
송호연	Tensorflow Production 기술과 강화학습 기술을 주로 나눔.	https://www.facebook.com/ai.chris.chris

참고자료

《일자리가 사라진 세계》, 김상하 지음, 바른북스
《내 아이와 로봇의 일자리 경쟁》, 이채욱 지음, 매일경제신문사
《새로운 엘리트의 탄생》, 임미진 외 4인 지음, Book by PUBLY
《포노사피엔스》, 최재붕 지음, 쌤앤파커스
Mindset, The new psychology of success, Carol S. Dweck, Ph.D.
《4차 산업혁명 이야기》, 강명구 지음, 키출판사
《스티브 잡스 이야기》, 짐코리건 지음, 권오열 옮김, 명진출판
《나는 아마존에서 미래를 다녔다》, 박정준 지음, 한빛비즈
《거꾸로 교실 거꾸로 공부》, 정형권 지음, 더메이커
《배움을 돈으로 바꾸는 기술》, 이노우에 히로유키 지음, 박연정 옮김, 예문
《인공지능시대 최고의 교육은 독서다》, 조미상 지음, 더메이커
《칙센트미하이의 몰입과 진로》, 미하이 칙센트미하이, 바버라 슈나이더 지음, 이희재 옮김, 해냄
《히트 리프레시》, 사티야 나델라 지음, 최윤희 옮김, 흐름출판
《백년을 살아보니》, 김형석 지음, Denstory

EBS, 유태인 학습법 하브루타 https://youtu.be/nttlAfVQT6w
IT 조선, [인터뷰] SW 동네에서 '어느 대학 나왔나'를 묻지 않습니다, 2019.08.04, 류은주 기자
단비뉴스, '기생하는 존재'로 키우는 한국 부모들, 2019.04.12, 제정임의 문답쇼, 힘
서울경제, [창간기획] 가보지 않은 길, 한국판 노동 4.0 大計 세우자, 2019.07.31, 황정원 기자
머니투데이, 공부 못하는 학생이 크게 성공하는 비결, 2019.07.27, 권성희 콘텐츠총괄부국장
노컷뉴스, 따돌림 '서울대 대학원생의 유언 같은 독백 "모두 날 싫어해", 2019.07.26, 박성완 기자
매일경제, [세상읽기] 컴퓨터공학 정원 5배로 늘려야 한다. 2019.07.26, 문병로 서울대학교 컴퓨터공학부 교수
서울신문, "돈도 실력" 불편하지만 공감…그래서 스펙 쌓은 90년대생, 2019.07.23, 허백윤, 김지예, 고혜지 기자
오마이뉴스, [똑경제] 정규직, 비정규직이란 말, 이젠 버려야 하는 이유, 2019.07.17, 황세원
매일경제, 서울대, 구글 손잡고 AI 키운다, 2019.07.18, 김희래, 박윤균 기자
세계일보, 서울권大 학종 '학업 역량 발전 가능성' 가장 많이 본다, 2019.07.15, 이천종 기자

한국경제, 고졸성공시대, 믿고 직업계高 갔는데… 취업 막힌 '19세 청년들'의 눈물, 2019.07.15, 김동윤, 정의진, 박종관 기자

오마이뉴스, 상위 11%만을 위한 고등학교, 89%는 '투명인간', 2019.07.08, 서부원 기자

브런치, 덴마크 진로교육의 3가지 핵심질문, 정철상

단비뉴스, 한국 엘리트는 썩은 나무의 상한 열매, 2019.02.14, 오수진 기자

매일경제, 입학생 250명 미니대학… 日 최고 벤처메카로, 2019.05.28, 정욱 특파원

한국일보, 인공지능이 몰고 올 '죽음의 계곡', 새 분배 시스템으로 넘어라, 2017.02.24, 이성택 기자

동아일보, [동아광장/최인아] 내 커리어를 위해 일하고, 결과로 회사에 기여하라, 최인아 객원노설위원

전자신문, [대학 총장 간담회] AI 시대, 거대한 폭풍이 다가오고 있다, 2019.05.06, 전지연 기자

프레시안, 10년 후에도 당신이 일자리를 가지고 있을 확률, 2019.05.28, 김상하 저자

국민일보, 이제 막 졸업했는데 회사마다 '경험자 우대'….폭망, 2019.02.16, 김승연 기자

문화일보, 당장 3년 뒤… "2021학년도 대입정원, 고졸인원의 10만명 초과" 2018.08.09, 김기윤 기자

인터비즈, AI시대 가장 불안한 그룹은 과차장급?... 새로운 패러다임이 필요한 때, 2018.07.31, 최한나 기자, 이차 교수

서울신문, AI시대, 과거형 인재 고집하다간…2030년엔 '백수' 576만명 늘어나, 2018.06.26. 박재홍 기자

한국일보, "코딩 기술 교육? 차라리 추리소설을 쓰게 하세요", 2018.06.28, 신지후 기자

MK 뉴스, "프로그래밍, 빅데이터 알아야 생존"…코딩학원 몰리는 직장인, 2018.01.23. 박재영, 강인선 기자

서울경제, [서울 주요대 實취업 '처참한 민낯'] 서울대 40%, 고대 54%, 성대 59%, 실제 취업률과 20% 차, 2018.05.14, 박진용 기자

홀로 성장하는 시대는 끝났다

2024년 1월 15일 초판 11쇄 발행

지은이 | 이소영
펴낸이 | 이병일
펴낸곳 | 더메이커
전　화 | 031-973-8302
팩　스 | 0504-178-8302
이메일 | tmakerpub@hanmail.net
등　록 | 제 2015-000148호(2015년 7월 15일)

ISBN | 979-11-87809-31-9 (03190)
ⓒ 이소영

「이 도서의 국립중앙도서관 출판예정도서목록(CIP)은 서지정보유통지원시스템 홈페이지
(http://seoji.nl.go.kr)와 국가자료공동목록시스템(http://www.nl.go.kr/kolisnet)에서
이용하실 수 있습니다. (CIP제어번호: CIP2019040652)」